AF258945

DOM MIGUEL.

DOM MIGUEL,

SES AVENTURES SCANDALEUSES,

SES CRIMES

ET SON USURPATION;

Par un Portugais de distinction.

TRADUIT PAR J. B. MESNARD.

PARIS,

MÉNARD, LIBRAIRE, PLACE SORBONNE, N° 3.

—

1833

PRÉFACE DU TRADUCTEUR.

L'ouvrage que nous publions a paru à Hambourg, en langue allemande, au commencement de cette année. A peine en fut-il répandu quelques exemplaires que l'autorité fut priée d'en opérer la saisie afin d'arrêter la publicité des infamies qu'il renfermait et qui devenaient une révélation funeste pour celui qu'elles accusaient. Nous avons su d'une manière positive que les chargés d'affaires de Prusse et d'Autriche, et qu'un consul portugais avaient été les promoteurs de cette saisie, qui causa un grand préjudice à l'éditeur. Mais on sait que la dénomination de *villes libres* n'est qu'un mot, et que nulle part la presse n'est plus fortement enchaînée qu'à Hambourg.

Cet ouvrage était beaucoup moins étendu qu'il ne l'est devenu dans nos mains; on verra comment nous y avons ajouté.

C'était un devoir pour nous de recueillir avec zèle et empressement tous les faits qui s'encadraient dans notre travail, et c'est ce que nous avons exécuté. Nous avons puisé

à des sources qu'on ne pourra jamais ré-
cuser.

Dans les gouvernemens constitutionnels fortement établis, il suffit de connaître les lois et les institutions pour juger, sinon le caractère, du moins la conduite politique du prince. Elles ne lui
permettraient guère de ne pas régler sa
vie intérieure d'après les principes que
professe le corps social et les mœurs qu'il
pratique. C'est là un des cas où les lois, au
lieu de se soumettre aux mœurs, les rec-
tifient au contraire, ou contribuent à leur
amélioration. La tâche des moralistes est
peu pénible, aux pieds des trônes, dans les
États ainsi constitués. Mais celui-là aura
certainement des matériaux plus vastes,
une carrière plus difficile à remplir, qui
abordera ces Cours où le bon plaisir a
fondé son empire, où les passions fermen-
tent, où des intérêts de famille se croi-
sent et se heurtent, où l'intrigue cache ses
sourdes menées, et dans lesquelles fourmil-
lent ces phalanges de Courtisans corrom-
pus, êtres inféodés avec les temps de barbarie, de vexations et de misères, cher-

chant leurs plaisirs dans l'immoralité, leur puissance dans l'oppression des petits, et n'arrivant aux faveurs que par leurs lâches complaisances pour les faiblesses de leur maître, que par la flatterie qu'ils prodiguent à ses vices, tout en riant des fatigues du peuple qu'ils l'aident à opprimer, que, le plus souvent, ils spolient en son nom.

Les princes que l'historien philosophe doit plus particulièrement observer sont ceux que leur naissance appelle à régner un jour, dont une basse et coupable adulation a déjà corrompu l'enfance, et auxquels on a moins présenté les peuples comme des citoyens qu'il fallait entourer d'amour, de soins, d'instruction, d'égards, de consolations et de soulagement, que comme des *êtres taillables et corvéables à merci et miséricorde*, que comme des instrumens immolés d'avance aux folies, aux extravagances, aux caprices, aux turpitudes même de ceux auxquels le hasard a dévolu une couronne ou la faveur de siéger sur les marches du trône.

Voltaire a dit :

Qui naquit sur le trône en est rarement digne.

Ce vers, tristement prophétique, ne se trouve que trop justifié par le tyran dont nous allons tracer l'histoire, dont la vie, quoique peu avancée encore, dont le règne, cependant si court, ont néanmoins fourni plus de crimes, enfanté plus d'attentats et d'atroces projets qu'ils n'ont compté de soleils.

Jamais l'histoire des Néron, des Tibère, des Guillaume I⁰ʳ, des Henri VI, des Louis XI, des Charles IX, ne fournit des pages plus pleines aux écrivains.

Jamais Agrippine ne conçut l'éducation d'un tyran comme la mère de D. Miguel, qui, mère par le crime, voulut faire d'un produit adultère un roi qui n'eût jamais de pensée que pour la terreur, dont le cœur ne battît que pour la trahison, et qui tînt constamment ses mains dans le sang.

Les personnes au fait des intrigues de la reine Charlotte-Joachine proclament le fait suivant, qui jamais n'a été contesté par personne : La reine exigeait un jour de D. Miguel qu'il assassinât Jean VI. Voyant qu'il avait frémi à cette proposition, et qu'il paraissait balancer : « Quoi ! tu hé-

» sites? ajouta-t-elle ; tu as donc oublié
» qu'il n'est pas ton père? »

Nous doutons que l'impudeur et l'audace du crime aient jamais pu aller plus
loin.

Mais, ce que l'on pourra moins comprendre, c'est qu'une nation comme la nation
portugaise, qu'un peuple qui avait rempli
l'univers du bruit de ses conquêtes et de
sa gloire, qui avait porté sa vaillance et ses
entreprises d'un bout du monde à l'autre,
qui avait brûlé du feu sacré de l'honneur
et de l'amour de la patrie, qui avait porté
au plus haut degré l'enthousiasme et ses
nobles exploits, qui fut galant et poli, éclairé,
même alors que les autres peuples gémis-
saient dans la barbarie, se soit incliné
sous le joug et ait croupi dans l'ignorance ;
ce que l'Europe moderne, dis-je, ne
pourra comprendre, c'est qu'au xixᵉ siècle
les enfans de l'antique Lusitanie, ces com-
pagnons des Viriates et des Albuquerque,
les vainqueurs d'Ourique, les frères d'armes d'un nouveau Cid, aient pu souffrir
à leur tête celui qui fut désigné par la
France et par l'Angleterre sous le nom de

TIGRE COURONNÉ!... Qui pourra s'expliquer, en effet, que celui-là dont les jeux de l'enfance furent des actes de barbarie et de turpitude, dont l'adolescence se complut au milieu des êtres les plus abjects, qui s'exerçait au crime et à l'empoisonnement, qui, devenu homme, rêva et tenta le parricide, ait pu monter et rester sur un trône où il n'a joué qu'avec des têtes sanglantes, après des festins dignes du bouc de Caprée?

À quel degré de faiblesse, de terreur ou d'avilissement a donc pu tomber un peuple, pour souffrir que la moindre pensée généreuse fût punie des cachots ou de l'exil, qu'une grande partie de ses frères fût condamnée à mendier l'hospitalité de peuple en peuple, ou livrée à des geôliers et à des bourreaux?

Tel est, en substance, l'écrit dont j'offre la traduction au public.

Espérons qu'il deviendra du moins une leçon profitable pour les nations et pour les Portugais en particulier.

Espérons que l'expédition de D. Pédro justifiera toutes les généreuses entreprises contre les ennemis des droits des peuples et de l'humanité.

Espérons surtout que doña Maria II occupera enfin un trône, où elle apportera les vertus douces, aimables et généreuses qui caractérisent son sexe, et qu'a su si bien cultiver et développer en elle une femme et instruite et modeste, une femme possédant la véritable grandeur, doña da Camera.

Mais je ne puis terminer sans exprimer à un Portugais des plus distingués, et comme militaire et comme membre des Cortès, la reconnaissance que je lui dois pour les excellentes notes et les additions qu'il m'a fournies; sans lui cet ouvrage eût été bien moins complet, et peut-être moins exact. Je devrais sans doute m'abstenir de le nommer; mais lorsque j'aurai dit que nul ne défendit la liberté portugaise avec plus de désintéressement, de persévérance, de talent et d'énergie; que sa valeur et son courage ont constamment rappelé les temps héroïques de la Lusitanie; qu'il fut l'ami du valeureux et loyal de SA, toujours intrépide dans les camps, sincère et bouillant à la tribune, inflexible envers le despotisme, dans lequel il voyait un ennemi plus redoutable que dans ceux qui naguère avaient envahi sa patrie; quand j'aurai dit que cet illustre citoyen, émule de B. Constant et de Foy, ne s'est jamais démenti dans la proscription; que personne n'a supporté l'infortune avec plus de dignité; que le feu du patriotisme a toujours été si ardent dans son âme, qu'il n'a cessé de travailler pour ses compatriotes; qu'errant en Amérique, en Angleterre, en France, en Allemagne, il a constamment aidé, assisté, secouru ses frères; qu'il leur a constamment consacré ses veilles, son talent pour répandre les lumières dans sa patrie, qui n'aura reconnu et nommé M. Barreto-Feio?

Voilà l'homme, le soldat, le citoyen, le député qui m'a aidé de ses lumières et de ses conseils, que je remercie le ciel de m'avoir donné pour ami... Et quel est celui qui ne lui livrerait point son cœur tout entier, alors qu'il sait encore mieux entretenir le plus noble de tous les sentimens qu'il ne sait le commander!

———

PRÉFACE DE L'AUTEUR.

La grande question de la succession au trône, si importante pour le Portugal, et qui, jusqu'à présent, était décidée, par le fait, en faveur de D. Miguel, se trouve tout d'un coup décidée par l'abdication de D. Pédro au trône du Brésil.

D. Pédro ne peut plus être regardé comme brésilien, même par le parti miguéliste, et toutes les controverses, tous les doutes que pouvait, jusqu'à présent, élever ce parti, même avec l'apparence du droit, disparaissent.

Aucun monarque d'Europe ne peut donc plus hésiter à se déclarer contre l'usurpation de D. Miguel et à soutenir D. Pédro, ou plutôt sa fille, comme reine légitime et reconnue depuis long-temps.

Ce changement subit des événemens rend en quelque sorte superflue la définition de la question : *A qui, de D. Pédro ou de D. Miguel, appartient le droit à la couronne du Portugal?*

Mais comme on a soulevé, à cet égard, tant de doutes, tant de considérations diverses, que même les cabinets de l'Europe ont été embarrassés sur la ligne de conduite qu'ils devaient tenir, cet écrit, qui fait des révélations précises, aura toujours une importance historique assez grande pour être lu, même plus tard, avec un vif intérêt.

Comme le manifeste, qui défend les droits de D. Pédro et de sa fille dona Maria da Gloria, est seulement destiné aux historiens et aux parties intéressées, et que d'ailleurs on y rencontre plusieurs points qui ne sont qu'effleurés, qui ne sont nullement connus des étrangers, ou

tout au plus d'une manière fort incom-
plète, l'auteur, qui a sévèrement observé,
pendant plus de trente ans, les événemens
du Portugal et du Brésil, et qui a été admis dans la confidence d'un grand nombre de secrets, en raison de sa position et
de ses liaisons avec la cour et les ministres,
a jugé nécessaire de faire précéder la traduction de ce manifeste d'une disserta-
tion spéciale, non-seulement pour servir
de commentaire, mais pour jeter un plus
grand jour sur les actes de D. Miguel, et
pour imprimer à cet objet grave le sceau
d'une lecture qui puisse être agréable à
toutes les classes de la société.

Le lecteur jugera s'il a atteint son but.

DOM MIGUEL.

PREMIÈRE PARTIE

Les événemens des dix dernières années méritent, sans doute, une des premières places dans l'histoire du Portugal.

Cette période de temps a précipité le pays dans une misère incalculable, et les conséquences s'en feront sentir dans plusieurs années encore; car il faudrait une main bien habile et bien forte pour le soustraire à l'influence de l'Angleterre.

Depuis la mort du marquis de Pombal, qui fut assez heureux pour trouver un roi qui pût le comprendre et le laisser aller aux inspirations de son génie, le Portugal est redevenu la proie des moines, l'esclave de son antique superstition, et seul, au milieu des peuples de l'Europe, il semble être resté stationnaire. Son sol est demeuré fermé aux progrès, tandis qu'il est toujours resté ouvert aux préjugés, à la servitude et à l'exploitation anglaise. Les améliorations qu'il avait conquises par Pombal, le rang qu'il avait pris parmi les puissances sous Joseph Ier, ont disparu sous Marie Ire, et il ne lui est plus resté que son nom sous Jean VI et D. Miguel.

Deux fois, depuis 1820, le Portugal eût pu briser son joug : en 1823 et en 1831 ; deux fois il s'est montré indifférent pour la liberté, et il est à craindre qu'il ne laisse river ses chaînes pour long-temps encore.

Son malheur a voulu, en effet, qu'il eût pour chef D. Miguel, justement surnommé, par les puissances de l'Europe, *le tigre couronné ;* et il aura bien mérité sa destinée, puisqu'il n'aura dépendu que de lui de la changer.

Personne n'ignore qu'en 1831, lorsque le gouvernement français envoya une escadre dans le Tage, pour demander satisfaction de l'injure qu'il avait reçue dans les mauvais traitemens infligés à deux citoyens français,

Bonhomme et Sauvigny, les Portugais auraient pu s'affranchir de la tyrannie qui les
oppressait ; notre escadre et celui qui la commandait les eussent soutenus et protégés, ils
ne l'ont pas voulu ; ils ont fait plus, ils ont
même insulté les hommes qui leur offraient
leurs bras. En 1832, ils restent impassibles
devant les légions généreuses qui ont suivi
D. Pedro au mépris de tous les périls, de
tous les hasards et de toutes les misères.

Qu'espérer d'un tel peuple ? quel nom et
quel caractère léguera-t-il à la postérité ?
Que dira son histoire au XIXe siècle ? elle
avouera tristement que le Portugal avait mérité les calamités que lui avait apportées
D. Miguel.

D. Miguel naquit le 2 octobre 1802 ; il est
le plus jeune des fils de la dernière reine du
Portugal, et le fruit de l'adultère. Sa mère,
Charlotte-Joachine, de la maison d'Espagne,
nouvelle Messaline, dont l'âme était aussi
hideuse que sa figure, occupée exclusivement
de satisfaire ses passions, se prostitua d'abord
secrètement à des êtres de la plus basse con-

dition. Sans pudeur comme sans respect pour son époux et pour son rang, se satisfaire était tout pour elle. Elle se rendait assez souvent à son jardin du Ramalhaõ, à Cintra, pour se livrer plus à l'aise à l'emportement de ses sens. Là, elle choisit, pour le complice de ses criminels plaisirs, son jardinier, un grossier paysan, qui fut le père de l'infant D. Miguel. Le soir, elle s'isolait de ses femmes, s'enfermait dans sa chambre, avec son rustique amant, et lui livrait une reine au milieu des orgies, digne prélude des amours qui devaient produire un monstre. Une fois, elle fut surprise par l'une des dames de sa suite, dans un état que la plume de l'historien doit se refuser à décrire, mais dont on trouve le tableau dans le peintre des saturnales du bouc de Caprée.

Le roi Jean VI, son époux, n'ignorait rien de la honte que son épouse avait portée sur son trône ; mais il avait à ménager une femme aussi dangereuse par les conceptions qui pouvaient entrer dans son âme, que par la famille qui lui avait légué un si triste hyménée. En outre, il était pacifique et religieux ; un éclat eût pu devenir funeste à son honneur et à sa personne : il aima mieux se résigner.

Le malheur de vivre avec une telle épouse le jeta toutefois dans une mélancolie si profonde, qu'elle prit un caractère incurable. Bientôt alarmé justement sur ses jours, il se retira dans le cloître de Mafra, où il passa tout son temps dans les pratiques de la religion. Il y fût mort peut-être, si l'invasion des Français, en 1807, ne fût venue l'arracher à sa léthargie et le forcer de se réfugier au Brésil.

Le père de D. Miguel fut promu, par sa royale amante, à des emplois et à des dignités ; il vit encore, mais dans la retraite la plus profonde, où il s'est confiné par prudence.

D. Miguel, pour le punir de son attachement à la constitution, chose assez remarquable, l'a dépouillé de toutes les distinctions dont il avait été l'objet. A ce trait, on reconnaît déjà notre héros.

Charlotte était en outre devenue mère de deux princesses, fruit encore d'amans différens, généralement connus. Le monarque fut long-temps sans vouloir les reconnaître. Il comprimait les chagrins qui le dévoraient, ou ne les laissait voir qu'à ses confidens. Cependant, tant par bonté que par des considérations religieuses, qui exerçaient sur lui un grand pouvoir, et enfin par les ménagemens qu'il devait avoir pour la maison d'Espagne, il permit qu'on regardât D. Miguel et ses deux plus jeunes sœurs comme ses véritables enfans.

Jusqu'ici la reine avait, par intervalles, un peu respecté les convenances; mais, arrivée à Rio-de-Janeiro, elle jeta le dernier lambeau du masque qu'elle avait gardé. Brisant toute espèce de frein, sa conduite tomba dans un tel degré d'impudeur et de bassesse, que le roi se vit forcé de faire cette déclaration : *« qu'aucun des enfans auxquels elle donnerait » le jour, à l'avenir, ne serait plus reconnu par » lui. »*

Cette déclaration ne changea rien aux mœurs de la reine ; elle ne cacha ni ses désordres ni ses amans. Seulement on s'occupa de couvrir la naissance des enfans qu'elle eut, d'autant de mystère qu'il fut possible.

Ces malheureuses victimes de la débauche la plus éhontée furent jetées dans les asiles des enfans trouvés, où dut s'engloutir à jamais leur naissance. Dès que les goûts de Charlotte changeaient, elle imaginait mille intrigues, ourdissait mille machinations contre ses amans, et ainsi elle faisait disparaître ou exiler dans des provinces éloignées les pères des enfans qu'elle avait voués à la honte et à l'infortune, à l'avenir le plus incertain et à la misère publique.

J'ai connu très-particulièrement un des amans de cette abominable reine, qu'elle avait fait exiler à Minas, et qui m'avoua un jour, confidentiellement, qu'il n'avait triomphé de l'aversion que sa laideur incomparable lui avait inspirée, que par la crainte des menaces qu'elle lui avait faites, s'il ne satisfaisait ses désirs capricieux.

Nous avons vu Charlotte choisissant, dans le Portugal, ses amans parmi les paysans, les provoquant dans sa cour, partout où elle se trouvait, parce que sa passion déréglée était de tous les lieux et de tous les temps, traînant partout avec elle son impatiente luxure; on devine qu'au Brésil elle eut des fantaisies bizarres, de ces fantaisies que son imagination exaltait, et seule pouvait créer; mais un crime enfantait bientôt un autre crime, et malheur à l'esclave sur lequel étaient tombées ses mortelles faveurs!

Cette femme, la honte de son sexe, et qui, pourtant, fut reine, dont le front souilla une couronne, et qui porta sur le trône tout le scandale des plus mauvaises mœurs, oubliant le danger des exemples qu'elle donnait, outrageant l'enfance et insultant à sa pureté comme elle avait insulté à la foi conjugale, voulut être le guide, le précepteur de son fils, de D. Miguel, et le conserva auprès d'elle jusqu'à l'âge de huit à neuf ans. Ses premières impressions ne se sont point démenties.

A cet âge, il fut accueilli, dans le palais de Saint-Christophe, par le roi son père, qui, s'occupant fort peu de surveiller l'éducation de ses enfans, confia celui-ci au ministre actuel, le vicomte de Santarem, et à son *très-estimable* confesseur. Néron eut aussi deux précepteurs : Sénèque et Burrhus.

L'étiquette établie à la cour de Portugal est certainement la plus contraire à l'ascendant nécessaire et souvent utile que doivent avoir des précepteurs pour rendre leurs leçons profitables : elle ne leur permet d'aborder leur élève qu'en lui baisant la main à genoux, et de lui parler qu'en priant ; ces deux hommes ne purent donc exercer sur D. Miguel qu'une faible influence, et se donner des soins stériles.

Le disciple les négligea chaque jour de plus en plus. Vivre selon ses caprices, l'ardeur et le dévergondage du sang maternel qui coulait dans ses veines, fut sa seule occupation, son unique étude. L'atmosphère ordinairement embaumée et délicate des cours était sans attraits pour ses goûts, déjà prononcés pour ce qu'il y avait de bas et de commun. Loin d'être sensible à ces douces manières, à ce langage caressant et tendre qui attire et séduit l'enfance, à ce brillant qui les éblouit, à cette aimable flatterie qui les enivre, et souvent ennoblit et perfectionne leur cœur, les rend gracieux et aimables, D. Miguel préférait ses liaisons avec un maquignon qui applaudissait à toutes ses extravagantes folies, et favorisait ainsi ses mauvais penchans qu'il eût été au contraire si important de réprimer. Il apprenait à monter à cheval, ce qu'il fait fort bien, mais ne l'a pas garanti cependant de nombreuses chutes, au rapport de la gazette de Lisbonne, en 1831. L'un de ses exercices favoris était de dresser des boucs, avec lesquels il devait avoir tant de rapport pour les goûts.

Nous ne devons pas omettre ici une circonstance qui ne manquera pas de surprendre, après ce que nous avons dit du caractère de Jean VI. Eh bien! ce maquignon, homme aussi commun que vil, était pourtant un favori du roi! il avait sur ce faible monarque, qu'il divertissait par sa grossièreté, plus de pouvoir qu'un ministre!... La bassesse des courtisans s'humiliait devant cet être dont la conduite était aussi arrogante

qu'insultante. Avaient - ils quelque demande
à présenter au prince, quelque faveur à en
solliciter, quelque grâce à rechercher, ils
venaient disputer à ses pieds d'humiliations
et de mépris, et l'accabler de prévenances
et de ménagemens. Ils l'écrasaient sous le
poids des plus riches présens ; ils faisaient
antichambre, chez lui, pendant des heures
entières, sans murmurer, et se confondaient
en excuses lorsqu'ils en obtenaient une audience de quelques secondes, qu'il dérobait
au plaisir de faire courir ou tailler ses chevaux.

Voilà quel était le favori d'un prince de
la maison de Bragança, d'un roi de Portugal
au commencement de ce siècle; voilà quel
était le favori d'un successeur du vainqueur
d'Ourique, d'un prince qui occupait le même
trône où avait siégé Denis, dit le *roi laboureur, le père des muses portugaises*, et l'ami
du grand Pombal, l'Hercule qui avait ter-
rassé l'hydre du jésuitisme et humilié l'or-
gueil de l'Angleterre !

Un maquignon précepteur d'un prince !...
On devine naturellement quelles conséquen-

ces ont dû avoir, sur son élève, les enseigne-
mens d'un tel maître; et Jean VI a-t-il bien
eu le droit de se plaindre des attentats qu'il
a eus à reprocher plus tard à celui qu'il ne
nomma son fils que par une faiblesse coupable, et qu'il fut plus criminel lui-même
de laisser élever si mal?

Il résulta tout naturellement que D. Miguel apprit de bonne heure à mépriser les
hommes, car il n'en voyait que de mépri-
sables, et qu'il grandit dans une telle ignorance, que, devenu généralissime de l'armée
portugaise, il n'était point capable de signer
exactement son nom.

Lorsque, plus tard, la Constitution fut signée dans l'église de Saint-Dominique, à Lisbonne, et que chacun signa son nom, D. Miguel ne put tracer le sien ni exactement ni
lisiblement; les caractères étaient tellement
défectueux, qu'on pouvait à peine les reconnaître; enfin il écrivit, ou plutôt il griffonna
D. Migel, et non *Miguel*.

Mais ce qu'il y avait de plus particulièrement à déplorer, dans ce prince si malheu-

reusement né, c'était la férocité de son cœur, dans lequel il ne se rencontrait pas le moindre sentiment noble. Je l'ai vu souvent moi-même, à l'âge de dix à douze ans, en uniforme de général, orné d'un crachat et de décorations, courir avec les polissons du voisinage, entrer brusquement tantôt dans une maison, tantôt dans une autre, quelquefois aussi dans la mienne, casser les assiettes, les verres, briser les meubles et déchirer les tapisseries. Là, il salissait d'ordures des objets de luxe et des vases précieux ; rencontrait-il plus loin quelques personnes, il leur distribuait des soufflets ou leur présentait sa main à baiser, selon que le caprice ou son humeur l'y portaient. Sa plus constante occupation était de faire ou des malices ou des méchancetés, et le maquignon, son compagnon assidu, son inséparable, l'admirait et lui en faisait compliment.

J'ai vu très-souvent des étrangers qui ne connaissaient point l'Infant, et qui, par cette raison, ne lui rendaient pas les respects voulus, se trouver maltraités. L'ayant rencontré un jour, je fus aussi forcé de descendre de cheval et de fléchir le genou devant lui. Le brutal maquignon ne me fit pas plus grâce qu'aux autres de ses brusqueries, quoiqu'il eût été facile de sentir que, dans ma distraction, et surtout dans la vitesse de ma course, il était probable que je n'eusse point reconnu, ni même aperçu, deux êtres si jaloux des devoirs qu'ils voulaient qu'on leur rendît.

J'ai également vu D. Miguel, à l'âge de seize à dix-sept ans, galoper, avec son maquignon, à travers le faubourg Mata-Cavallos, et renverser, avec une longue canne, les chapeaux de tous ceux qu'il pouvait atteindre.

J'ai entendu de mes propres oreilles, D. Miguel ordonner à son jockei de donner des coups de bâton à un Allemand qui était passé devant lui sans descendre de cheval.

Sa royale mère en agissait également ainsi de son côté : elle avait donné l'ordre à ses piqueurs de forcer tous ceux qui se trouveraient sur son passage, à descendre ou de leur

monture ou de leur voiture, sous peine d'être
battus. Il se présenta bientôt une occasion
où cet ordre fut exécuté. La vertueuse Charlotte avait une antipathie extraordinaire pour
l'ambassadeur américain ; l'ayant un jour
rencontré, elle le fit contraindre à descendre
de sa voiture et à lui rendre *son hommage*.

Profondément blessé, l'ambassadeur résolut d'en tirer satisfaction, mais à la manière
d'un homme de cœur et qui sentait sa dignité. Dès le lendemain donc, il dirigea, avec
intention, sa promenade, de façon à rencontrer la reine. Il passait tout doucement, et
sans se déranger, et sans avoir l'air de faire
attention à ce qui se trouvait sur son passage.
Tout-à-coup il est assailli et invectivé par
les valets de Charlotte ; mais, comme il s'était
précautionné de bons pistolets, il menaça de
brûler la cervelle, et sous les yeux de la reine
même, à celui qui oserait mettre la main sur
lui. Cette résolution ne manqua pas son effet,
et la reine cria : « *Laissez passer le misérable*
(maroto). » L'ambassadeur adressa une
plainte au roi, qui fit jeter les piqueurs en

prison , et publier qu'aucun étranger ne devrait être contraint à ce témoignage d'estime.

Un jour je me promenais à cheval avec le chargé d'affaires de Hollande et quelques autres amis, lorsque D. Miguel nous rencontra. Comme j'étais connu de lui, je mis pied à terre; les autres se contentèrent d'ôter leur chapeau. Les piqueurs s'élancèrent aussitôt sur nous, menacèrent le Hollandais et le forcèrent à descendre. Il déclina vainement sa qualité, il lui fallut se soumettre. A la menace qu'il fit d'en porter sa plainte au roi, on lui répliqua que, s'il l'osait, on lui casserait et les bras et les jambes... Néanmoins il demanda réparation au roi, qui fit mettre les piqueurs en prison, et adressa au prince une petite réprimande.

J'ai vu de mes fenêtres D. Miguel se faire un malin plaisir de tuer, à coups de fusil, tous les canards d'une pauvre femme veuve qui, vieille et infirme, avait fondé quelque espérance d'adoucir sa misère sur le prix qu'elle retirerait de ces animaux.

Les personnes portées à l'indulgence, et d'ailleurs trop occupées de pensées honnêtes pour en soupçonner de mauvaises, n'attacheront peut-être pas une grande importance à un fait de cette nature, mais il prouvera du moins que le prince n'était élevé, ni dans le respect des convenances, ni dans celui des propriétés.

A un âge plus avancé, la chasse, les combats de taureaux, les feux d'artifice, composaient les plaisirs habituels de l'Infant. Maître dans l'art de dresser un cheval sauvage, il acquit en peu de temps l'agilité des plus habiles *peôes* (1).

, L'Infant passait tout son temps au Brésil à courir avec les peôes les plus exercés.

(1) On nomme *peôes*, au Brésil, ceux qui attrapent et domptent les chevaux, les mulets et les bœufs sauvages. Ils se servent, à cet effet, d'un filet (laço), qui est une corde longue de cinquante pieds, attachée à la selle de leur cheval. Le peôe jette ce filet au cou, aux cornes ou aux pieds de devant ou de derrière de la bête qu'il veut prendre, tourne alors rapidement son cheval, et renverse ainsi la bête ou la force à le suivre.

Dans les vastes plaines de Santa-Cruz, où vont paître des milliers de chevaux et de bœufs sauvages, il lui est souvent arrivé, lorsque la cour se trouvait à Santa-Cruz, d'amener dans les salles basses du château l'un des bœufs qu'il avait pris, de se donner le plaisir féroce de le lâcher au milieu de la société qui s'y trouvait réunie; d'où il est résulté que plusieurs personnes ont été blessées, et qu'une fois une dame est morte de frayeur. Il lui est arrivé aussi de se donner les mêmes amusemens à Salva-Terra, près de Lisbonne.

D. Miguel ne se bornait point à combattre les animaux sauvages, il lui fallait une variété qui insultât à la nature humaine; aussi jetait-il également le filet au cou du pauvre esclave ou de quiconque se trouvait par hasard devant lui. On a même eu occasion de remarquer qu'il se complaisait à prolonger les tourmens qu'il leur faisait subir, et l'agonie cruelle et toujours sanglante qui en était quelquefois la suite.

Cette odieuse et indigne chasse ne lui réussit cependant pas toujours : ayant un jour rencontré un *minerio* à cheval, auquel il avait eu l'audace de jeter le filet, cet homme, qui était de la province de Minas, coupa lestement la corde fatale, s'élança ensuite sur son impudent chasseur, et le poursuivit à coups de fouet. Ce montagnard eût administré au prince une énergique et longue correction, si enfin la suite de ce dernier ne fût accourue pour s'opposer et mettre fin à la juste vengeance dont il était l'objet, et menacer son auteur d'une prison perpétuelle, s'il osait jamais se plaindre au roi de l'attentat dont il avait failli être victime.

C'était par des menaces semblables, trop souvent réalisées, qu'on ensevelissait dans le silence les crimes et les turpitudes du barbare Infant, qu'on l'encourageait dans ses mauvaises actions, et qu'on empêchait que la connaissance en parvînt jusqu'au souverain. S'il arrivait par hasard qu'elles acquissent quelque publicité, elles étaient alors tellement falsifiées et déguisées, tellement atténuées, qu'elles ne devenaient plus que l'objet d'un blâme léger et stérile.

D. Miguel était né avec un penchant si entraînant pour la cruauté, que, dans son enfance, où il ne pouvait tourmenter les hommes, il torturait les animaux : ainsi il plumait
des poules et des oiseaux tout vivans, et riait
aux éclats en les voyant courir ainsi dépouillés ; le scalpel à la main, il tarissait lentement,
en eux, les sources de la vie, il faisait couler
leur sang par petites gouttes pour mieux suivre les convulsions d'une agonie prolongée ;
et lorsqu'il égorgeait de petits agneaux, ses
yeux devenaient brillans et sa figure radieuse.
Il avait fait de sa chambre un véritable abattoir, où il marchait dans le sang et sur les
membres palpitans et fétides des animaux divers qu'il avait si cruellement immolés à ses
féroces plaisirs.

D. Miguel a été surnommé le tigre couronné ; il l'emporte sur cet animal si terrible,
car lorsque le tigre saisit sa proie, il l'immole
avec emportement, dans le seul but d'en triompher et de s'en repaître, et il s'en éloigne même
dès que sa faim est assouvie.

Tous les goûts hideux et toutes les passions

brutales s'étaient donné rendez-vous dans cette âme de boue. Les nuits, il les passait dans les mauvais lieux, et le jour il n'était presque jamais entouré que de valets d'écurie ou de gens de cette condition. Comme il ne recevait que fort peu d'argent, il leur en empruntait; et lorsque ce qu'il recevait ne suffisait pas pour s'acquitter, il descendait envers eux aux flatteries les plus basses, aux cajoleries les plus viles; il trouvait tous les moyens bons pour les apaiser, car on suppose ce qu'une semblable familiarité devait produire; ou bien enfin, quand il ne pouvait se libérer, il employait les plus pressantes sollicitations, les démarches les plus actives pour leur faire donner des emplois.

Voici une anecdote qui fera juger de la délicatesse de ce prince dans le choix des objets de ses amours.

Il se fait à Rio-de-Janeiro une grande consommation de morue salée; les marchés en sont presque tout couverts. D. Miguel, les parcourant un jour avec le maquignon son favori, entra dans une espèce de cabaret servant aussi d'asile à des prostituées de la plus dégoûtante espèce, puisque cette maison n'était hantée que par des porte-faix, des matelots, des esclaves et quelques soldats de la police. Loin de fuir à un pareil aspect, il se fit servir à déjeûner, et voulut égayer le repas, de compagnie avec deux prostituées; on vient de voir ce qu'elles pouvaient être. La séance fut cependant fort longue, èt cette dégoûtante saturnale finit par une lutte à coups de poing, provoquée parce qu'enfin ni lui ni son compagnon n'avaient de quoi satisfaire entièrement aux dépenses de leurs sales plaisirs. Cette rixe ne put rester entièrement cachée, par ce qu'on juge de l'éclat qu'elle dut avoir dans un pareil lieu. La police l'étouffa cependant, car le nom de l'Infant avait été prononcé, et elle ne négligea rien pour le sauver de l'indigne prostitution que celui qui le portait en avait faite.

On s'imagine peut-être que l'Infant rougit de s'être ainsi compromis, et puisa dans cette scène une leçon utile? il poussa au contraire l'impudeur jusqu'à faire plus de cent pas dans la rue ayant à ses côtés la prostituée de son choix, et dont il reçut des baisers en la quittant. Ayant rencontré un peu plus loin des valets d'écurie de la maison de son père, il alla couronner avec eux les excès de cette journée par une nuit passée dans de nouvelles orgies.

En 1821, le roi revint dans le Portugal, où les affaires avaient changé de face, et où l'autorité royale avait beaucoup perdu. Le pouvoir se trouvait alors muselé par le parti constitutionnel, qui assignait au chef de l'État une liste civile bien moins élevée que celle qui avait existé auparavant : elle avait été réduite à 725,000 cruzados, de deux millions et demi de cruzados, dont, jusque là, elle s'était composée.

Les gages des domestiques furent donc réduits de beaucoup, et les pensions qui ne furent pas suffisamment justifiées, furent supprimées.

Les favoris du roi furent exilés dans les provinces, et la reine, elle-même, fut mise au ban du royaume, sur son refus de prêter le serment prescrit par la Constitution ; mais, sur une déclaration de plusieurs médecins, cette condamnation ne fut point exécutée. Les Cortès voulaient qu'elle fût envoyée au Brésil, et non en Espagne, où se trouvait le marquis de Chavès, dans lequel ils voyaient un auxiliaire dangereux pour elle et pour le Portugal. On chassa les moines de leurs cloîtres, sans leur donner ni pension ni secours. On traita le Brésil en colonie, et l'on jeta ainsi les bases de la séparation qui s'ensuivit bientôt. L'armée fut aussi négligée.

Tout homme impartial reconnaît qu'au milieu de tant de fautes, le parti régnant ne pouvait se maintenir, quelque bien qu'il fît.

Bientôt la cour, la noblesse et le clergé se réunirent contre lui, sous la direction de la reine, qui avait fait succéder les intrigues politiques à ses intrigues privées.

La nation resta indifférente ; le roi seul résista à toutes les invitations des ligueurs, pour ne pas violer le serment qu'il avait prêté à la Constitution. Quelques officiers supérieurs furent facilement gagnés ; les troupes même

furent séduites par de l'argent, et D. Miguel
se mit à la tête du mouvement, sur l'invitation de la reine, qui ne voulait pas seulement
renverser les Cortès, mais aussi forcer le faible
roi à abdiquer en faveur de D. Miguel, et régner ainsi sous le nom de l'Infant.

Au mois de mai 1823, D. Miguel disparut
tout-à-coup de Lisbonne; il se mit à la tête de
plusieurs régimens, et, de Santarem, où il
était, il fit appel à la nation pour délivrer le
roi des mains des Cortès, auxquelles il donnait le nom d'ennemis. La situation du roi
même était cependant devenue très-difficile.
Quoiqu'il se prononçât hautement et publiquement contre l'entreprise de son fils, il n'en
planait pas moins sur lui des soupçons fâ-
cheux d'intelligence possible avec lui. Néanmoins on lui vota des remercîmens; mais il
fut fait la proposition de transporter les séances des Cortès dans l'ancien château-fort de
Saint-George, sur la place du Rocio, au centre
de Lisbonne, et d'en faire la résidence du roi.
Cette proposition n'eut cependant point de
suite; le parti dont elle émanait n'était point

assez fort, et l'on croyait, assez généralement, que le roi ne voulait point la contre-révolution; on lui avait même assez rapidement rendu l'affection qu'on lui avait portée.

Il ne faut pas se dissimuler toutefois que Jean VI craignait d'être détrôné, et que ce fut cette appréhension qui le détermina à se confier au 18e régiment de ligne, qui lui avait été gagné et qui se présenta pour l'escorter jusqu'à Villa-Franca, où il ne se rendit pourtant qu'après beaucoup d'hésitations et de longs combats avec lui-même.

Cette démarche décida la question, car le roi n'était qu'à une petite distance de Lisbonne, lorsque le peuple força la salle des Cortès, qui eurent à peine le temps de se sauver sur des vaisseaux anglais.

La fuite du roi n'était nullement dans le plan de son épouse et de D. Miguel. Ils avaient formé des projets plus ténébreux, auxquels ils devaient recourir, au besoin, si ceux qu'ils adoptaient d'abord n'obtenaient pas un plein succès.

Délivré d'abord, en apparence, et sauvé,

de la mort, par l'Infant, il devait être forcé à renoncer à la couronne ; mais, par ce moyen, il s'était délivré lui-même.

Plusieurs milliers d'individus se pressèrent autour de lui ; partout il fut accueilli avec des transports de joie et de satisfaction, et cette disposition générale des esprits, cet enthousiasme de la nation, joints aux conseils de quelques confidens de D. Miguel, décidèrent enfin ce dernier à se réunir au monarque, qui, ignorant ses véritables desseins, le reçut comme son libérateur et le proclama généralissime de l'armée portugaise.

Le 23 juin 1823, le roi revint à Lisbonne. Les habitans, transportés de joie, vinrent, à plusieurs lieues, au-devant de lui ; et les mêmes hommes qui, il y avait un instant, étaient prêts à l'abandonner, dételèrent sa voiture et se disputèrent l'honneur de la traîner. Entre ceux qui s'attelèrent au char royal, nous signalerons les comtes da Cunha et da Taipa.

La gazette du lendemain, trop semblable à tant de journaux, plus célèbres par leur vénalité que par leur véritable patriotisme, la gazette, dis-je, s'étendit, avec une longue complaisance, sur la pompe et la solennité de l'entrée du roi. Elle n'oublia point de faire connaître les noms des Portugais qui avaient été assez heureux pour servir de *relais* à la voiture de Sa Majesté; et il faut convenir que c'est bien là un titre plus que suffisant à la considération publique : un historien, qui ne l'enregistrerait pas, manquerait à sa plus belle mission.

En dépit de la gazette, l'indignation générale fit justice de cette impudente ovation; des plaisans firent placer au coin des rues une affiche ainsi conçue : *Ceux qui désireraient acheter les bêtes qui ont trainé la voiture du roi, peuvent s'adresser aux écuries de Messieurs.....* Suivaient les noms.

L'histoire de tous les temps, et notamment celle des quarante années qui viennent de s'écouler, nous apprend que les peuples sont plus ardens à rentrer sous leur ancien joug qu'à le briser. Impétueux dans leur premier choc, ils trébuchent bientôt dans la poursuite de leur conquête, et cèdent, sans résistance, la place aux intrigans qui viennent profiter de leur ouvrage, comme s'ils avaient autant d'intérêt à l'esclavage qu'à la liberté !

Tout rentra donc, dès ce moment, dans l'ancienne voie. Tout ce qu'avaient créé les Cortès, même le bien, fut déclaré non avenu : c'était la Restauration française, brisant les bienfaits, les lois si sages de la Convention et les gloires de la République et de l'Empire; c'était, non pas *un juste milieu*, mais bien l'ancien Portugal avec *le bon plaisir*, ses moines, son fanatisme et sa misère; en un mot, le Portugal sous ses prêtres-rois. La police des rues même, qui, sous les Cortès, avait exigé la propreté, fut tout aussi négligée qu'auparavant.

Tout nouvel établissement scientifique fut aboli, et il fut de nouveau permis, à ceux qui vendaient des vieilles ferrailles volées et autres bagatelles, d'obstruer les rues les plus fréquentées.

Le beau monument constitutionnel même, sur le Rocio, qui avait coûté plusieurs milliers de cruzados, fut détruit par ordre de l'Infant, et la Charte, qui était conservée dans une cassette d'argent, dans la pierre fondamentale, fut brûlée publiquement, comme une œuvre des francs-maçons, car, en Portugal, lorsqu'on voulait détruire quelque chose, on le leur attribuait, et si l'on avait besoin de perdre quelqu'un, on faisait publier qu'il était franc-maçon.

Les nobles rentrèrent en possession de tous leurs priviléges, et plusieurs d'entre eux reçurent même de très-fortes indemnités, aux frais de l'État, pour le temps qu'ils en avaient été privés. Les moines reprirent possession de leurs cloîtres, et tous les abus furent ravivés. On effaça jusqu'aux moindres vestiges du gouvernement constitutionnel. Les impôts, diminués par les Cortès, furent rétablis dans toute leur intégralité; le peuple continua de les payer comme auparavant. Les Anglais seuls y gagnèrent, car il ne fut plus question de faire exécuter les traités sur les douanes, par lesquels ils étaient obligés de payer trente pour cent pour les laines.

Les membres les plus distingués des Cortès

furent bannis ou exilés dans les provinces;
mais, après quelques années, la plupart reçurent leur pardon de la *bonté* du roi.

Le problème le plus difficile qu'eut alors à résoudre le roi, fut de s'acquitter envers les milliers de gens qui prétendaient avoir rendu des services à la royauté; car, dans tous les pays du monde, il se présente toujours, après de semblables événemens, beaucoup de *sauveurs*. Comme on ne pouvait accorder à tous des décorations ou des faveurs pécuniaires, on distribua des médailles d'or et d'argent, et des portraits du roi, à ceux qui l'avaient suivi à Villa-Franca.

La moitié des habitans de Lisbonne ne parut bientôt plus que parée de cette médaille qu'on désigna par le sobriquet, *ordre de la poussière* (medalha da poeira), parce que ceux qui en avaient été décorés avaient suivi le roi, vers la fin de l'été, sur une route couverte de poussière.

D. Miguel, en qualité de généralissime, s'entoura d'un brillant état-major, apprit les manœuvres, galopa d'une caserne à l'autre, s'entretint, avec les soldats, de la manière la plus basse et la plus triviale, se *calotta* avec eux, avança les gens sans mérite, et protégea même, contre leurs officiers, ceux qui avaient oublié leurs devoirs.

L'honorable lieutenant-général San-Paio, vieillard de soixante-dix ans, fut reçu par D. Miguel à coups de pied, et précipité de l'escalier, parce qu'il avait été membre de la junte du gouvernement lors de la révolution, parce qu'il avait fait voter des remercîmens aux Cortès au nom des habitans, parce qu'enfin il avait fait la révolution, qu'il était très-libéral et fort haï des Anglais. Jean VI, à son départ pour le Brésil, l'avait nommé membre de la régence, et, chose inconcevable, les Anglais cassèrent cette nomination en 1808, lors de l'affaire qui amena la capitulation de Junot.

D. Miguel revint bientôt à son ancienne manie de contraindre au respect, et ceux qui ne fléchirent point le genou devant lui furent maltraités. Il ne renonça point à son occupation favorite des combats de taureaux.

Il sortait souvent, pendant la nuit, avec les *toreadores*, vêtu comme eux, pour conduire à la ville les bêtes destinées au combat. Rien ne pouvait lui donner plus de plaisir que lorsqu'un taureau s'échappait, parcourait la ville et répandait l'effroi et des blessures.

Quelques enfans, poussés par la curiosité, étant montés un jour sur les murs de l'enceinte où avaient lieu ces combats, ils en furent chassés ; mais l'un d'eux étant revenu à la charge, l'Infant tira son épée et le punit de sa persévérance en lui abattant les doigts ; ce qui confirme que la douceur et l'humanité sont entièrement étrangères au cœur de D. Miguel.

Vers le même temps, l'Infant commit une action horrible, dont tous les détails ne sont connus que de fort peu de personnes ; nous voulons parler du meurtre du grand-écuyer, favori du vieux roi, du marquis de Loullé. Le roi se trouvait, pendant l'automne de cette même année, au château de chasse de Salvaterra, tandis que la reine, dans le château du Ramalhaõ, formait de nouveau le plan de précipiter son époux du trône. Il était dans la nature et dans la destinée de cette femme, comme dans celles de son digne fils, de toujours conspirer contre l'honneur et le devoir.

L'Infant, qui avait accompagné le roi, était tout-à-fait d'intelligence avec elle, et tous deux avaient trouvé un auxiliaire actif dans le marquis d'Abrantès. Comme on ne pouvait espérer d'atteindre son but par la force, on voulait tâcher de contraindre, par la ruse, le vieux monarque à abdiquer; mais personne ne pouvait y arriver que le marquis de Loullé.

Il fut à cet effet décidé qu'on l'attirerait dans ses intérêts, et, en cas d'échec, qu'on l'assassinerait pour s'assurer le secret. D. Miguel l'invita donc à le venir voir, et, assisté du marquis d'Abrantès, il le reçut d'une manière affable et prévenante. On ne parla d'abord qu'avec beaucoup de réserve et de précautions de la faiblesse du roi, et de son incapacité à gouverner le pays; mais on s'expliqua bientôt avec beaucoup plus de clarté; les momens étaient pressans, et l'on invita, ou plutôt l'on somma le marquis d'user de tout son ascendant, d'employer tous les moyens en son pouvoir pour déterminer le roi à abdiquer.

Cette proposition avait bien pu entrer dans l'âme de la reine et de D. Miguel; on comprend que, désormais, rien de ce qui est indélicat et odieux ne peut leur répugner; élevés dans le crime et familiers avec la trahison, ils ne peuvent leur coûter, et les intrigues les plus coupables doivent être, pour eux, une douce occupation et un besoin de tous les jours.

Mais ils choisissaient mal ici leur complice : le marquis se sentit profondément offensé de cette proposition, et blessé de ce que ce fût lui auquel on eût donné la préférence. Tout autre, à sa place, connaissant bien les êtres auxquels il avait affaire, eût dissimulé; mais le marquis se laissa entraîner par les mouvemens de son cœur et les devoirs de sa fidélité, et ne vit plus que les dangers que courait son roi. Il dirigea donc tous ses efforts contre le noir projet dont on venait de lui faire la confidence, et ne s'occupa que d'en détourner les coups.

3.

D. Miguel et le marquis, n'obtenant rien de leurs instances, et voyant que leurs sollicitations étaient vaines, y ajoutèrent la menace. Ce moyen ne fut pas plus heureux, car rien ne pouvait ébranler la fidélité de l'honnête vieillard; mais alors le marquis d'Abrantès, doué d'une force athlétique, saisit le marquis de Loullé et le pressa si fort contre la muraille, qu'il faillit l'étouffer. En ce moment l'Infant, que ne quittait jamais sa froide férocité, et qui fumait tranquillement son cigare, fit un signe à son ami intime, *Vérissimo*, sous-officier de la garde de police, qui se précipita dans la chambre un couteau à la main, qu'il enfonça avec une telle force dans la bouche ouverte du marquis, que ce modèle de dévoûment en expira sur-le-champ.

Ce Vérissimo doit être qualifié du surnom de nouveau *Tristan*.

Comme cette anecdote est racontée de deux manières, nous croyons devoir rapporter la version qui paraît être la plus généralement suivie. Il s'ensuivrait que le roi avait été informé, par le fidèle marquis de Loullé, de tout ce qui se tramait contre lui, et que, pour trouver, dans la nation, un appui contre ceux qui ne tendaient à rien moins qu'à l'abattre, il avait résolu de donner une nouvelle charte, en harmonie avec les intérêts des puissances étrangères, comme avec ceux du peuple portugais. Déjà même le décret était rendu, ce qui a été affirmé par le comte de San-Paio, qui en avait été témoin.

Pour soustraire donc, en attendant, le roi aux persécutions et aux perfidies de la reine et de D. Miguel, le marquis de Loullé avait engagé le roi à se retirer à Salvaterra, d'où il devait adresser à la nation et à l'armée une proclamation qui ferait connaître la vérité. D. Miguel, furieux de voir ses desseins découverts, et de ce que le roi eût suivi les conseils qui le dérobaient à ses projets, résolut de se venger du marquis par un assassinat. Il se transporta en conséquence, pendant la nuit, accompagné du marquis d'Abrantès et de l'assassin à sa suite, Vérissimo son ami. Le marquis de Loullé était couché, lorsque le marquis d'Abrantès alla frapper à sa porte en l'appelant à haute voix, et en lui disant : « *Le prince veut vous parler.* — Mais je suis au lit, répondit le marquis, et il me faudrait m'habiller.—C'est inutile, répliqua M. d'Abrantès, paraissez comme vous êtes. » Le marquis de Loullé parut en effet, fut saisi par M. d'Abrantès, et lorsque l'assassin lui enfonça le couteau dans la gorge, D. Miguel lui asséna sur la tête un violent coup d'un marteau qu'il tenait à la main.

Le corps du marquis de Loullé fut traîné dans la salle du trône, où il demeura pendant quelques heures, et jeté ensuite dans le jardin par une fenêtre.

D. Miguel voulut faire suivre cet assassinat de celui du marquis de *Subserra* (Pamplona); il avait fait afficher, dans la maison de ce dernier, ce distique, dont le sens était clair, et que nous traduisons littéralement :

« Pour assassiner Subserra
» Il ne faut pas aller à Salvaterra. »

Mais revenons. Il ne manque pas d'oreilles, comme dit le proverbe, dans les palais des rois; et de même que si le sang de l'homme de bien emportait avec lui un caractère ineffaçable, on eut beau laver la chambre, on ne put détruire les traces du crime. Le cadavre, quoique jeté, pendant la nuit, par une fenêtre, et caché dans le jardin, loin du théâtre de l'assassinat, n'en fut pas moins trouvé deux jours après.

Le roi, que ce meurtre affectait vivement, et qui comprenait toute l'audace de ceux qui avaient osé l'exécuter, ordonna immédiatement les recherches les plus sévères, dont le résultat ne fut cependant pas publié. Apparemment, toutefois, que la vérité fut rapidement découverte, car les investigations ordonnées furent tout-à-coup défendues, pour ne pas compromettre la famille royale, tant par la certitude que par la publicité, peut-être, qui en seraient résultées.

Dès-lors le fils du marquis de Loullé, qui s'était porté accusateur, garda le silence; il reparut à la cour, reçut du roi les plus hautes places et les plus grands honneurs, et vendit, à ce prix, le sang de son père, dont il ne se rendait que le trop indigne fils.

Quoique ainsi arrêtés dans la route qu'ils avaient résolu irrévocablement de parcourir, D. Miguel et sa royale mère n'éprouvèrent d'autre sentiment que le dépit d'avoir, pour cette fois, manqué leur but, et s'occupèrent immédiatement de machiner de nouveaux crimes. Ils résolurent, en conséquence, d'agir plus sérieusement, et de tenter même la voie de la violence.

Dans cette vue, l'Infant se familiarisa de plus en plus avec les militaires; il ne sortait de sa bouche que des paroles flatteuses et d'espérance. Il répétait souvent: *Une fois que je serai roi, j'améliorerai la condition des troupes.......;* et, pour leur faire mieux sentir les avantages qui résulteraient de sa puissance, il sut provoquer secrètement les mécontentemens les plus vifs; il arrêta l'avancement, retarda les soldes, et sut en faire tomber tout le poids sur l'impéritie et la faiblesse du roi; il sut aussi faire publier et faire croire que son père n'avait des yeux et des grâces que pour ses favoris; que la justice l'occupait peu, et que le malheur des pauvres avait peu d'intérêt pour lui.

De cette manière, l'Infant croyait avoir tout préparé avec sagesse; il mit de simples officiers dans la confidence de son secret, et rien ne lui sembla plus devoir empêcher désormais le succès d'un plan fondé sur le caractère indécis de la nation et sur la corruption de l'armée.

Tous les préparatifs faits, D. Miguel se rendit, pendant la nuit du 23 au 24 avril 1824, dans les différentes casernes; il déclara, avec une horreur feinte, qu'il avait découvert une conspiration contre les jours de son père, et qu'il avait fait arrêter des assassins dans les environs du palais. Il ordonna aussitôt de battre la générale, et fit occuper le palais et tous les appartemens intérieurs par un bataillon de chasseurs dans lequel il comptait beaucoup de confidens. Il avait eu la précaution de faire défendre qu'on ne laissât pénétrer qui que ce fût auprès du roi, même ses serviteurs.

L'Infant avait tellement compté sur l'assassinat du roi, que, dès le point du jour, il avait fait annoncer aux troupes qu'il était consommé. La reine ne l'avait pas moins regardé comme certain, car elle connaissait parfaitement cet horrible projet, puisqu'il avait été ourdi entre elle et son fils, de concert avec le maréchal *Béresford.*

Elle était au palais de Queluz, et, le jour marqué pour l'infâme exécution de l'assassinat du roi, elle se rendit à Lisbonne. Sur la route, elle descendit de voiture, et entra dans l'église de *Bemfica,* où elle voulut couvrir le plus atroce des attentats, du masque de la religion et du prétexte du bien public. Elle dit au peuple, qui vint la saluer, que les ennemis du trône et de l'autel allaient enfin être renversés, mais que malheureusement le roi venait d'être assassiné par eux. Pour mieux cacher sa complicité, elle affecta une profonde tristesse. Les assassins étaient *Vérissimo* et *Telles-Jourdaō ;* ce dernier devait se cacher dans une armoire où l'on devait l'aller découvrir ; son rôle était de dire qu'il avait. tué le roi, mais que c'étaient les libéraux qui l'avaient poussé à cet horrible attentat.

Cette déclaration avait pour objet de provoquer le massacre de tous les libéraux dans tout le Portugal.

Pour prix de cette lâche complaisance, Vérissimo est resté sergent de police, et Telles-Jonrdaõ a le commandement de la froteresse de Saint-Julien, située à l'entrée du port, et dans laquelle il exerce les traitemens les plus durs contre les prisonniers. Le geôlier de Napoléon à l'île de Ste-Hélène, sir Hudson-Lowe, était un saint Vincent de Paul auprès de lui.

La mesure qu'avait employée D. Miguel lui garantissait tout naturellement que le roi, ainsi isolé, né pourrait, ni par lui ni par les siens, paralyser ses projets, et il ne lui restait plus qu'à faire arrêter les deux ministres, le marquis de *Palmella* et le comte de *Subserra* (1), qui, tous deux, étaient ses adversaires déclarés, ainsi que ceux de la reine.

(1) Ce Subserra ne fut nommé comte que lorsqu'il fut parvenu au ministère, c'est-à-dire après avoir trahi tour-à-tour la reine, l'infant dom Miguel, et la révolution surtout, à laquelle il devait de n'avoir point perdu la tête. Le

Ce nouveau coup d'autorité parut d'autant moins difficile à réaliser aux yeux de D. Miguel, que ces deux ministres assistaient à un bal que donnait l'ambassadeur anglais. Des espions avaient été apostés; le marquis fut arrêté comme il rentrait chez lui, et enfermé dans la tour de Belem. Le comte de Subserra, ayant été averti à temps par le baron de Renduffe, à ce qu'on prétend, alors intendant-général de police, et aujourd'hui à Paris, auprès de dona Maria II, put rentrer, sans être aperçu, à l'hôtel de l'ambassadeur français, où il resta caché jusqu'à ce que l'orage fût dissipé.

Ce fut là que M. Pamplona informa M. Hyde de Neuville du complot qui venait de lui être dénoncé. M. Hyde de Neuville s'empressa d'écrire en toute hâte aux ambassadeurs qui se trouvaient présens à Lisbonne, en les priant de se rendre sur-le-

comte n'est point libéral, mais le roi l'aimait à cause de son antipathie pour les Anglais, contre lesquels il faisait toutes les tentatives possibles pour affranchir le Portugal de leur joug.

champ au palais du roi pour empêcher sa mort, s'il en était encore temps. Le roi ne dut, en effet, son salut qu'à l'effroi qui saisit Vérissimo sur le crime qu'il allait commettre, au moment où il mit le pied sur le seuil du palais.

Les ambassadeurs se présentèrent bientôt ; mais les gardes, fidèles exécuteurs de la consigne qui leur avait été donnée, leur barrèrent le passage. Le courage, la persévérance et l'énergie qu'opposa M. Hyde de Neuville à cet ordre qui, selon lui, ne pouvait regarder les ambassadeurs, levèrent la difficulté. De plus, des officiers constitutionnels, qui avaient des soupçons, introduisirent les ambassadeurs , dont la présence combla *Jean VI* de joie. Sur le conseil qu'ils lui donnèrent, il se retira à bord du *Windsor-Castle*.

L'animosité de l'Infant contre le comte de Subserra, plus particulièrement, provenait de ce que celui-ci avait empêché son élévation au trône après le renversement des Cortès, et c'était pour en tirer vengeance qu'il avait donné l'ordre de le lui livrer mort ou vif. Le malheureux comte languit depuis deux ans dans un cachot affreux, où il est privé de toutes les commodités de la vie. Sa malheureuse épouse ne cesse de partager son sort, quoique les traitemens qu'elle a reçus l'aient jetée dans une aliénation mentale complète.

Au commencement du jour, et sur l'ordre du généralissime, tous les régimens présens dans la capitale se rendirent sur le Rocio. Le peuple, étonné et curieux, parcourut toutes les rues, et le bruit d'une conspiration, découverte par l'Infant, volait de bouche en bouche. On donnait de tous côtés des ordres d'arrestation; l'un de mes amis, avec lequel je causais, fut saisi à mes côtés et traîné en prison. Nous ferons remarquer ici que la fureur des arrestations était poussée si loin, qu'on arrêtait jusqu'aux partisans de la reine et ceux de l'Infant; les femmes même n'étaient point exceptées, et le lieu où l'on devait les conduire était le *Berlengas*, petite île près de Peniche, où ils devaient être fusillés immédiatement. Le marquis de Palmella, le comte de Villaflor furent arrêtés. Celui qui dirigeait cette expédition était le général *Povoas.*

Pendant que les choses se passaient ainsi, D. Miguel se tenait dans le palais de l'Inquisition, d'où il expédiait ses ordres. Enfin on lut aux troupes une proclamation dont l'Infant et ses complices attendaient l'effet avec une si profonde anxiété, qu'ils ne pouvaient la dissimuler.

On pressait D. Miguel de se montrer aux troupes, espérant que sa présence les porterait à le proclamer roi ; mais à peine la lecture de la proclamation fut-elle finie, que des milliers de soldats, qui étaient rassemblés firent entendre le cri : *Vive notre roi D. Jean VI! Vive la famille royale!* auquel on joignit ensuite celui de *Vive D. Miguel!*

Ces cris frappèrent l'Infant et ses complices comme d'un coup de foudre, et il se retira silencieux et dans le plus grand embarras. Moi, qui me trouvais placé fort près de lui, je vis ses lèvres frémir, et sa figure, ordinairement pâle, devenir verte ; ses yeux brillaient de colère, et sa poitrine se gonflait sous le râlement de la rage ; enfin le tremblement de ses membres trahissait l'émotion profonde de son âme, ainsi que sa fureur de voir son projet échouer. On lisait clairement sur les figures de ses amis, qu'inquiets et troublés sur leur avenir, ils se demandaient, en se regardant : *Qu'allons-nous faire maintenant?*

C'est un curieux spectacle pour l'observateur, que le tableau d'hommes ainsi désappointés, alarmés par les reproches de leur conscience, qui leur crie qu'ils ont trahi tout à-la-fois et les lois et la patrie, et forfait à l'honneur, en secondant les traîtres et les tyrans.

Lord Béresford, qui se trouvait alors à Lisbonne, soi-disant pour des affaires particulières, et qui jouait un rôle plus qu'équivoque (1), les tira de l'embarras où ils se trou-

(1) Il est résulté de l'enquête ordonnée par le roi sur cette conjuration, que lord Béresford était le complice de l'Infant et de la reine ; mais l'audition des témoins ne fut point continuée, parce qu'elle compromettait trop le lord et la famille royale, et que d'ailleurs les Miguélistes et l'Angleterre avaient un intérêt réel à l'étouffer. Malgré

vaient; il alla annoncer à l'Infant que le roi avait été délivré par le corps diplomatique, et que Sa Majesté lui ordonnait de paraître sur-le-champ devant elle (1).

Il fallut obéir à cet ordre, quelque imminent qu'il pût paraître à l'Infant, auquel il ne restait plus qu'à se rendre et à dissimuler. Les troupes furent renvoyées dans leurs casernes, et D. Miguel se rendit auprès du roi, qui l'accabla de reproches et de réprimandes,

cela, le *Times* en a dit assez sur cette question, pour qu'il ne reste plus aucun doute dans l'esprit de ceux qui connaissent bien le caractère du cabinet de Saint-James. On lit, dans le manifeste de M. Pamplona : « La Constitution » renversée, le maréchal Béresford se présente, avide de » dévorer tout ce qui lui avait échappé ; mais, voyant » qu'on ne voulait d'aucun Anglais dans l'armée, il fo- » menta l'anarchie, et, ne pouvant y parvenir, il provoqua » la rébellion du 30 avril. »

(1) Les ambassadeurs s'étaient tous rendus au palais du roi, en avaient demandé l'entrée au nom de leur souverain, et avaient tellement effrayé, par leurs menaces, l'officier qui y commandait, qu'ils purent enfin pénétrer auprès du roi, auquel, à dix heures du matin, on n'avait pas encore apporté à déjeûner.

auxquelles vinrent se joindre celles des ambassadeurs anglais et français. L'Infant se trouvait confondu ; tout autre que lui n'eût osé entreprendre de se justifier; mais comme il ne pouvait mentir à son caractère, ni être trahi par son audace, il répondit à tout, ou du moins crut y répondre, par ce mensonge ridicule, *qu'il avait découvert une conspiration.* Le roi, par une bonté ou par un aveuglement inexplicable, ne voulut cependant pas blâmer publiquement la conduite de l'Infant; il nomma une commission, aux fins de rechercher cette prétendue conspiration, et l'affaire parut ainsi assoupie. On a vu, dans la note précédente, quels étaient ceux auxquels il fallait l'attribuer.

Cette clémence du roi, véritable faiblesse qui ne pouvait manquer de lui devenir funeste, ne fut pour l'Infant, auquel on ne retira point le commandement de l'armée, qu'un encouragement, disons plutôt une provocation à de nouveaux forfaits. On vit bientôt imaginer de nouvelles conspirations, qui n'avaient d'autre but que celui de susciter

des persécutions nouvelles contre les favoris
mêmes du roi. L'inquiétude et la terreur régnèrent partout ; cette arme des tyrans, ou
de ceux qui veulent l'être, plongea le Portugal dans l'inertie et la stupéfaction. Les gens
les plus paisibles furent arrêtés et jetés dans
les prisons, qui furent en peu de temps tellement encombrées, qu'on fut obligé d'en transporter cent cinquante voitures pleines dans la
forteresse *Peniche*, à quatorze lieues de Lisbonne, et ce détachement n'en formait encore qu'une petite partie. Sur l'ordre de D.
Miguel, il ne fut accordé, pendant toute la
route, à tous ces malheureux, ni repos, ni
vivres. L'inhumain avait déjà résolu de faire
fusiller toutes ces victimes de sa rage, lorsque, par bonheur, arriva le 9 mai, qui vit ex-
pirer son autorité.

Parmi les prisonniers dont nous venons de
parler, se trouvait le lieutenant-général de
police baron de *Renduffe;* malgré son titre
et sa qualité, il fut jeté, par ordre de l'Infant, dans une écurie à chiens, et l'Infant
lui-même lui jetait, par-dessus le toit, des

pierres, de la boue, et des ordures infectes d'animaux.

D'où provenait cette sale vengeance, inouïe dans l'histoire des turpitudes humaines?.... Le baron avait eu le malheur d'être chargé des recherches relatives à l'assassinat du marquis de *Loullé*. D. Miguel l'avait fait appeler à Queluz, et lui avait demandé les actes de cette enquête; mais le baron les ayant refusés, il l'avait fait conduire dans le bois. Là, saisi par des hommes apostés pour consommer cet horrible guet-à-pens, on lui banda les yeux; il fut obligé de se mettre à genoux, et six chasseurs étaient destinés à le fusiller. La crainte de la mort ayant fait avouer à M. de Renduffe en quel lieu étaient les actes, on lui laissa la vie; mais ce fut pour la lui faire couler immédiatement après dans cette écurie à chiens.

Ce fut aussi à cette époque du 9 mai que le roi lui-même fut dépouillé de sa toute-puissance, et quiconque s'avisait d'exécuter ses ordres était emprisonné sur-le-champ. Les dangers que couraient ses partisans les obligèrent à recourir à la ruse, et ce fut ainsi qu'ils surent conduire D. Miguel à se prendre dans ses propres embûches.

Jean VI, sous le prétexte de se promener sur le Tage, selon son usage ordinaire, monta sur un vaisseau dans l'arsenal, s'approcha insensiblement des vaisseaux de guerre anglais, et arrivé au *Windsor-Castle*, il exprima le désir de monter à bord, où tout était déjà préparé pour le recevoir.

L'Infant, qui observait les moindres démarches du roi, le suivit immédiatement; il avait donné à de petits bâtimens l'ordre de s'emparerde la personne du monarque, lorsque, ne se défiant nullement de ce qui l'attendait lui-même, il monta aussi sur le vaisseau anglais, où on lui signifia aussitôt qu'il était prisonnier.

On déploya alors le pavillon royal sur le grand mât, pour indiquer la présence du roi; on adressa sur-le-champ à la nation une proclamation par laquelle on faisait connaître que l'Infant était destitué de tous ses emplois, par laquelle il était ordonné de mettre tous les prisonniers en liberté, et de faire une sévère enquête.

Cette mesure n'eut pas de résultats plus favorables que les précédens, car les coupables surent s'y soustraire, soit par la fuite, soit en se cachant.

Plusieurs centaines de barques ne cessèrent d'entourer le vaisseau anglais, depuis le matin jusqu'au soir; des personnes de toutes les conditions voulaient voir et le roi et D. Miguel, qui, de sa fenêtre, se présentait de la manière la plus inconvenante aux regards des curieux, qui, de leur côté, n'ôtaient pas même leur chapeau. Il est certain que le mépris du peuple suivait partout cet odieux prince, et que lui, de son côté, pour lui prouver combien il faisait peu de cas de lui, ne répondait à sa curiosité dédaigneuse que par des grimaces: c'était la bête féroce montrant les dents à ceux qui passent devant sa loge.

Quelques jours après l'arrestation de l'Infant, le roi le fit partir sur une frégate pour la France, et rentra dans son palais sans l'avoir voulu voir.

D. Miguel vécut à peu près quatre années à l'étranger; la manière dont il s'est comporté dans les différens endroits où il a séjourné est assez connue pour nous dispenser presque de la détailler; mais enfin, c'est le rôle d'historien que nous jouons, et nous devons au moins remplir une partie de la tâche qui nous est imposée.

D. Miguel resta d'abord six mois à Paris, où il ne parut nullement se plaire; mais force lui fut cependant d'y demeurer, car il ne pouvait quitter la France sans permission. La vie qu'il y menait était d'une monotonie à peu près constante, à l'exception des débauches et des malices par lesquelles on le voyait la rompre.

Rien ne l'y toucha ni ne l'émut de ce spectacle de la plus belle ville du monde; il ne

se sentit pas le plus léger mouvement de curiosité pour les monumens publics et les
richesses dont les ont garnis les beaux-arts.
Les fêtes, les promenades, les environs de
Paris, si rians au bord de la Seine qui les ar-
rose, n'attirèrent point ses regards; les cercles, si brillans dans cette capitale du monde
civilisé; ces salons, où le luxe, le bon goût, la
grâce et l'élégance, l'esprit, le beau langage
et les belles manières semblent s'être donné
rendez-vous, n'exerçaient aucun empire sur
son âme. Tous les lieux que lui auraient ouverts sa naissance et sa qualité, il les fuyait;
il ne pouvait y rencontrer son maquignon!
Les spectacles, cette scène que s'est chargé
d'embellir le génie, et que l'art a convertie
dans une sorte de temple de fées, avaient
moins droit de lui plaire qu'un cirque arrosé
du sang des taureaux, ou dans lequel il dres-
sait des boucs; les femmes, si sémillantes
et si vives, si tendres à la fois et si agaçan-
tes, mais que les mœurs délicates de la nation retiennent dans une piquante réserve,
ne pouvaient attacher sa brutalité impa-

tiente, qui, impérieuse dans ses goûts, ne cherchait que des plaisirs faciles; et il regrettait les marchandes de morue salée de *Rio-de-Janeiro*.

Ces dernières avaient cependant leurs pareilles à Paris, et c'était à celles-là qu'il allait porter ses indignes caresses.

Nous allons raconter quelques-unes des anecdotes qui continuent au mieux son caractère, parmi un peuple qu'il eût dû au moins chercher à imiter et à respecter comme étranger, si comme prince il ne pouvait lui fournir un seul exemple.

D. Miguel s'était rendu un jour à l'église de Notre-Dame; il ne remarqua ni la beauté gothique de ce monument, ni les tableaux sacrés dont des peintres habiles ont orné ses murailles; il ne fit pas davantage attention à sa nef majestueuse et d'une simplicité grave, ni à ses sculptures, que les arts élevèrent, dans leur enfance, à la mémoire du Dieu qui les inspirait. Il se borna à fléchir un instant le genou sur le pavé du temple, plongea le doigt dans la coquille qui contient l'eau sainte, et se retira sans donner une obole aux malheureux gisans à la porte du lieu sacré. Il dirigea machinalement ses pas à travers la ville, en parcourut plusieurs rues sans but comme sans choix, et fut amené, par le hasard, dans la rue des Vieilles-Étuves, qui conduit à la Halle au blé. Il s'arrêta devant une porte au-dessus de laquelle est l'enseigne d'un huissier; il y aperçut une femme dont les traits lui firent supposer, sans doute, qu'il y avait entre son âme et la sienne une grande ressemblance. D'ailleurs, ne sachant comment employer son temps, il lui devenait égal de le dissiper d'une manière ou de l'autre.

Ce qui s'est passé dans la maison de cette femme, et dont je puis garantir l'authenticité, nous fait un devoir de faire son portrait, et de n'omettre aucun des faits ni aucune des circonstances. Nous prions le lecteur de ne point y attacher le caractère du roman, car, nous le répétons, c'est réellement de l'histoire.

Cette femme donc, qui s'appelle madame

G........, est fille d'un nommé Jacques B....., naguère tailleur dans la rue Saint-Nicaise ; elle était âgée d'environ trente-cinq ou trente-six ans ; sa taille, maigre et grêle, était plus qu'ordinaire ; son visage, blême et presque livide, était gravé par la petite vérole ; ses yeux étaient louches, et elle était borgne : ses lèvres toujours en contraction et agitées, son front constamment plissé, et ses sourcils abaissés, son regard attaché avec inquiétude sur les passans , comme pour y chercher une victime, indiquèrent à l'Infant qu'il trouverait à qui parler : mais il lui fallait un prétexte.... Il aborda donc madame G......, et lui demanda ce que c'était que cette vaste rotonde qu'il apercevait au bout de la rue. De questions en questions, de réponses en réponses, la conversation se prolongea ; madame G......, à l'accent étranger du prince, qui pouvait à peine s'exprimer en français, demanda s'il était espagnol ? Il répondit qu'il était portugais.

Quoique D. Miguel fût peu soigné dans sa toilette, madame G....., femme très-fine,

crut découvrir que l'homme auquel elle parlait tenait un certain rang dans le monde;
elle tâcha donc de s'emparer de lui. Habile
dans l'art de tromper et de séduire, elle sut
amener l'Infant à accepter de monter chez
elle pour s'y reposer. Elle pouvait sans danger se donner les plaisirs du tête-à-tête; car,
d'un côté, elle était trop laide pour exciter
la jalousie de son époux, et d'ailleurs ils vi-
vaient depuis long-temps dans des appartemens séparés. La sympathie que la nature
avait établie entre les goûts de madame G.....
et de D. Miguel, les amena bientôt à de mutuelles confidences, après la promesse faite
que tout resterait dans le plus grand secret.
Madame G..... et D. Miguel dînèrent ensem-
ble, et ce dernier ne rentra point à l'hôtel
Meurice, où il logeait. Il fit à madame G.....
l'historique que nous venons de donner plus
haut, et madame G....., jalouse de justifier la
confiance de son hôte, lui fit, à son tour, l'histoire de sa vie dans les termes suivans :

« Tout le monde, Prince, ne peut avoir
le bonheur de naître sur le trône, et sur-

tout de s'y maintenir; la nature jette nos naissances comme aux dés. Mon père est un des enfans de la pauvre et vaillante Alsace; né de parens sans fortune, il vint à Paris, où il exerça la profession de garçon tailleur pour gagner sa vie. Il y était déjà depuis plusieurs années, lorsqu'il rencontra à Versailles celle qui, plus tard, devint ma mère, et était domestique dans la maison d'un petit bourgeois. Ma mère, Suzanne P...., avait ses raisons pour ne pas être difficile : elle avait eu des faiblesses avec un vieux capitaine en retraite, et elle crut prudent de ne pas marchander l'honnête garçon tailleur qui se présentait pour l'épouser. Ils vécurent long-temps dans un grenier, où leur travail alimenta mon enfance. La révolution grandit plus terrible, et la guerre mit, comme vous le savez, Prince, plus d'un million d'hommes sur pied, car il fallait ou succomber ou vaincre toutes les puissances armées contre nous. Un grand nombre de ces jeunes phalanges se rendait dans les camps, dans le costume de son village; mais la France pourvoyait pourtant à léur fournir un costume militaire. Ma mère joignit son aiguille à celle de son mari; le travail ne manqua point, et en moins de deux années ils se trouvèrent possesseurs de quelques milliers de francs.

» Quoique nous fussions déjà deux enfans, le ménage n'en prospérait pas moins; mais arriva cette époque désignée par le nom de *Terreur*, et mon père, épouvanté dans une émeute, traduit devant le tribunal révolutionnaire, perdit la raison en sauvant sa tête. Cette aliénation mentale dura deux ans, au bout desquels elle céda et à des remèdes et au calme de temps meilleurs. Pendant ce temps, ma mère avait élevé une petite boutique, à l'aide de laquelle elle avait satisfait à tous les besoins, et même augmenté sa petite fortune. Mon père rétabli, tout marcha encore de mieux en mieux; enfin, lorsque Napoléon devint empereur, mon père put s'établir dans la rue Saint-Nicaise, devenir le tailleur de la garde impériale, et ramasser une assez grande fortune. Dès-lors je reçus une éducation très-soignée; je pus, dans ma pension,

prendre tous les maîtres que des parens très-
riches donnaient à leurs filles; rien ne coû-
tait à la bonté de mon père et à la tendresse
exclusive que ma mère avait pour moi. J'ai
su depuis que j'étais l'enfant qu'elle avait eu
de son premier amour, un an avant son mariage, et qu'elle avait su substituer au pre-
mier-né de son union. Il est certain que ma
mère n'a jamais aimé que moi, et qu'elle a
toujours eu un éloignement qui tenait de la
haine et pour mon frère et pour une sœur
auxquels elle a aussi donné le jour. J'arrivai
à quatorze ans, et l'on me retira de ma pension pour me livrer au commerce. On me
donna une boutique de mercerie tout près
de cette maison, dans la rue Saint-Honoré. Il
n'y avait pas six mois que j'y étais, qu'un capitaine de la jeune garde, nommé *Lamouroux*, me fit sa cour. Je fus flattée des soins
d'un militaire décoré, et éblouie par ses épau-
lettes; je l'écoutai, et je devins mère. Je ne
pus cacher long-temps ma position à ma
mère, qui venait me voir presque tous les
jours, quoiqu'on m'eût confiée à la surveil-

lance d'une tante, paysanne fort grossière. Ma mère ne put comprimer son courroux, et me maltraita. N'avais-je pas pu céder à l'espérance de devenir l'épouse du capitaine, qui pouvait à son tour parvenir au grade de général, comme cela s'était si souvent vu depuis la rapide course de nos conquêtes? Ne devais-je pas céder à la douce illusion que je sortirais de l'état mercantile, moi qui avais reçu une éducation qui m'en avait tant éloignée? »

Ici la pendule sonna une heure du matin, et madame G..... et D. Miguel allèrent se coucher.

Le lendemain, après le déjeûner, D. Miguel, retenu par je ne sais quelle cause, que je ne cherche point à expliquer ici, demanda à madame G..... de reprendre sa narration au point où elle l'avait laissée la veille. Elle continua donc ainsi :

« Ma vieille tante, sensible aux larmes abondantes que j'avais versées, me plaignit beaucoup, me pardonna mon oubli de mes devoirs, en faveur de ma jeunesse et du caractère de mon complice. Cette innocente et bonne femme chercha même à m'excuser, en me révélant que ma mère avait aussi commis la même faute. Soit instinct de malice, je l'avouerai, soit pour couvrir des égaremens nouveaux, soit enfin besoin de dominer ma mère, car je suis née impérieuse et jalouse de la puissance des autres, je saisis cette découverte avec une avidité et une joie indicibles.

» Je partis aussitôt en toute hâte pour Versailles, et en rapportai un extrait des registres de l'état civil, qui m'assurait l'impunité et une puissance dont je saurais à l'avenir user à mon gré et disposer selon mon caprice ou mes intérêts.

» Mon père était sévère sur le chapitre des bonnes mœurs et du respect qu'on leur devait; cet extrait, dans mes mains, était un témoignage trop éclatant des désordres de ma mère; il attestait trop évidemment qu'elle avait trompé son époux, et il me la livrait sans réserve, car je pouvais rompre les nœuds qu'elle avait formés.

» L'occasion de frapper le coup terrible que je méditais s'offrit dès le lendemain : ma mère osa se présenter, la colère dans les yeux et le reproche dans la bouche. J'écoutai un instant dans le plus profond silence ; mais, menacée de nouveau de mauvais traitemens, habitude assez ordinaire des gens élevés à la campagne, je lui opposai ce témoignage irrécusable de son erreur, qui avait commencé, comme la mienne, avec un homme semblable et dans un âge plus avancé que le mien. Ma mère fut attérée et comme frappée par la foudre ; une pâleur soudaine couvrit son front ; ses membres furent agités d'un tremblement général, et elle perdit l'usage de ses sens. Revenue à elle, son regard avait changé de caractère : il était suppliant et timide, et il semblait me demander grâce à la place de ses lèvres, qui ne pouvaient articuler une seule parole.

» Cette scène muette dura quelques minutes, car je ne pouvais l'interrompre ; j'étais trop jalouse de juger de l'effet que j'avais produit, et de reconnaître si ma mère ne devait plus

être, à l'avenir, que mon esclave. Dès ce moment les rôles changèrent : ce n'était plus une
mère que ses faiblesses livraient à sa fille, c'é-
tait une épouse effrayée et toujours tremblante sur le courroux de son mari, que je pouvais allumer. Les alarmes avaient quitté mon
cœur pour passer tout entières dans celui de
ma mère. Le moment était opportun pour
rentrer en grâce auprès de mon père; ma
mère en fut l'intermédiaire, et il lui fut aisé
de l'obtenir, car elle était toute puissante sur
l'esprit de mon père, qui était bien le plus
tendre des époux et l'homme le plus indul-
gent pour ses enfans.

» Loin d'entendre jamais un reproche, j'é-
prouvai, au contraire, tous les effets d'une grâce
complète et de cet intérêt qu'inspirait ma position. Jusqu'au moment où je mis au monde
l'enfant que je portais dans mon sein, je ne
fus l'objet que des soins les plus délicats et les
plus affectueux. Cinq mois s'écoulèrent depuis le jour de ma réconciliation jusqu'à ce
moment, et j'eusse été parfaitement heureuse,
si la mort ne fût venue frapper immédiatement

le rejeton que l'amour m'avait donné. Je n'en éprouvai cependant pas un long chagrin ; il était devenu la source d'un ascendant que j'étais pressée de mettre à profit. J'avais à la fois deux êtres à frapper, et ma sœur et mon frère, et je ne savais par lequel commencer. Les premiers moyens auxquels j'eus recours furent de les rendre odieux ; cela ne m'était pas très-facile quant à mon frère, parce qu'il était garçon unique et d'un caractère très-facile et très-doux[1], et que d'ailleurs mon père avait pour lui cette prédilection que les pères ressentent ordinairement pour ceux qui doivent continuer leur nom. Je renonçai donc, pour le moment, à mon frère, pour ne m'occuper que de ma sœur, et parce que d'ailleurs ma haine pour elle était facile à satisfaire.

» Ma mère n'avait jamais eu le moindre sentiment d'affection pour ma sœur, qui se nommait *Antoinette*; elle l'avait laissée, comme abandonnée, jusqu'à l'âge de six ans, entre les mains de la nourrice qui l'avait élevée. Ma sœur était revenue de la campagne avec les habitudes et les formes qu'on y contracte;

mais il paraît aussi qu'elle en avait apporté un cœur pur et aimant. Je songeai dès-lors à ne rien négliger pour pervertir ce bon naturel et changer ses bonnes impressions. *Antoinette*, séparée de sa nourrice, fut long-temps triste et versait presque constamment des larmes ; elle refusait les caresses de sa mère naturelle, et, en la repoussant, appelait celle qui l'avait nourrie. Je profitai de l'influence de ses premières impressions pour présenter ma sœur comme un être ingrat, insensible, et dont le sang mentait à son origine. Je parvins aisément à mes fins ; je fis partager à mon père même l'éloignement que j'avais fait concevoir à ma mère pour sa seconde fille. Vous voyez clairement, Prince, que ma puissance marchait grand train et qu'il n'était guère facile de me pouvoir l'arracher.

» J'étais donc toute puissante dans la maison paternelle, et libre de mes actions, puisque j'avais un commerce heureux et qui me produisait assez pour satisfaire mes goûts et vivre selon mon *bon plaisir*.

» J'avais, à cette époque, vingt ans passés.

» Arriva la Restauration, qui, en détrui-
sant notre gloire, refoula dans leurs familles
les hommes qu'elle avait élevés. Je vis qu'il
me fallait perdre mon cher Lamouroux; je ne
me fusse résignée qu'à regret, si je ne me fusse
pas trouvée dans une situation même à dési-
rer une brusque séparation. Il m'avait rendue
dépositaire d'une somme assez forte; j'aimais
la toilette avec passion et j'étais friande à l'excès; j'avais donc largement usé du dépôt qui
m'avait été confié; je prévoyais qu'il fallait
en rendre compte, et cela me devenait fort
difficile; mais je savais, d'un autre côté, que
mon amant était un homme extrêmement
délicat, et qu'il me suffirait de me rendre mé-
prisable à ses yeux pour le voir déserter sans
éclat et en me sacrifiant même son argent.
Voici le moyen que j'employai pour y parvenir.

» Mon père habillait un acteur du Vaude-
ville, nommé F......y, excellent garçon, qui
avait su se faire aimer de ma famille, et lui
apportait souvent des billets de spectacle. Je
manifestai beaucoup de goût pour son théâ-

tre, et dès-lors ma mère m'y conduisit presque tous les soirs. Mais ce n'étaient point les
intrigues qui y étaient mises en scène qui m'at-
tiraient : j'en voulais former une pour moi-
même. Ce n'était point l'acteur non plus qui
me plaisait, car il était d'un talent fort médiocre, d'une figure commune, et son accent
nazillard était même fort désagréable : mais
il me fallait un amant, un amant qui ne s'a-
musât pas à soupirer. Vous savez, Prince, que
les femmes sont habiles à se procurer ce
qu'elles désirent...; ce fut l'affaire de quelques
jours pour être en parfaite intelligence avec
ma nouvelle conquête. F......y venait tous les
jours chez moi, et c'était ce que je voulais;
nos conversations étaient enjouées et fami-
lières, ce qui déplut à Lamouroux... Je profitai du premier accès de sa jalousie pour lui
chercher querelle; il donna dans le piége, et
se retira en me disant qu'il ne me reverrait
jamais. Il ne me demanda point le dépôt qu'il
m'avait confié : j'avais donc réussi selon tous
mes vœux.

» Mais il s'éleva bientôt un nouvel embarras : F......y était marié, et sa femme était très-jalouse; elle épiait toutes ses démarches. Comment faire pour cacher ce qu'elle avait tant d'intérêt à voir? Il y avait quelques mois qu'elle était devenue mère d'une petite fille, qui n'était point encore baptisée, car, d'après un préjugé existant encore en France, personne ne se soucie d'établir des liaisons avec les gens adonnés au théâtre. Je dis donc à F......y de faire croire à son épouse que les visites qu'il me faisait n'étaient devenues aussi fréquentes que parce que j'avais consenti à devenir la marraine de son enfant, et qu'il voulait lui faire une surprise de cette nouvelle; qu'en outre, ce serait pour lui et sa famille une heureuse occasion d'agrémens et de plaisirs, puisqu'il en résulterait des réunions fréquentes tant chez lui que chez mes parens.

» Il existe dans ce qui paraît honnête une telle puissance magique, que ceux même qui n'y croient pas s'y laissent prendre. Le jour du baptême fut arrêté, et ainsi je m'assurai, du moins provisoirement, l'amant que j'avais adopté. Cette nouvelle intrigue fut bientôt découverte par mon père, et la source de reproches interminables. Je fus encore une fois bannie de la maison paternelle...; mais j'avais ma mère pour bouclier, il ne me fut pas difficile de m'y faire réintégrer. Ma mère, qui sentait combien elle avait besoin d'excuses, et où il fallait les prendre, fit valoir ma jeunesse, la chaleur de l'imagination d'une tête blonde, la sensibilité expansive de mes vingt ans, la facilité de séduire une fille sans expérience, le besoin d'aimer, si naturel à mon sexe, et qui s'empare de nous à notre entrée dans le monde; enfin, les illusions et l'espérance de l'avenir, auxquelles personne n'échappe.

» Mon père, qui était né sensible, et dont il n'était pas difficile de diriger les opinions et les sentimens, car c'est bien l'être le plus *malléable* qui soit au monde, s'attendrit, et passa du blâme à la plainte. Ma mère conclut, pour parer à des accidens nouveaux et pour mettre fin à mes dangereuses liaisons, à ce qu'on me donnât un mari.

» Quoique j'eusse reçu une belle éducation, que mon père eût quelque fortune, il n'en était pas moins difficile de me trouver un époux; car, enfin, je n'étais qu'une petite mercière, ce qu'on appelle à Paris, *Une marchande de tout* et *Une faiseuse de rien*. D'après ce que j'ai pu voir, je serais restée long-temps dans mon état équivoque, sans une circonstance que je dus à la nouvelle position dans laquelle se trouvait mon frère.

» Mon frère avait déjà fini ses études il y avait environ quatre années. N'ayant voulu suivre aucune profession libérale, mon père lui avait donné celle de marchand de draps, et lui avait monté une boutique de la valeur d'environ soixante mille francs; il l'avait ensuite marié à la fille d'un bijoutier de sa connaissance, personne charmante et de très-belle façon. Ce mariage, la position brillante qu'il donnait à mon frère et surtout à ma belle-sœur, firent entrer dans mon âme toute la haine que le dépit et la vanité blessée peuvent inspirer. Leur bonheur vint bientôt troubler toutes mes idées, et m'animer du besoin de le troubler. Je ne songeai donc plus qu'à m'emparer de l'esprit de ma belle-sœur, et à le diriger tout entier vers le goût des plaisirs et de la dissipation. Je vous ai dit, Prince, qu'elle était fort jolie; je lui peignis combien elle ajouterait à la clientelle de sa maison si elle relevait ses attraits et ses grâces de l'éclat de la toilette. On n'a pas besoin de presser beaucoup une femme sur ce chapitre : quelle est celle qui n'aime pas à plaire, quoiqu'elle ne veuille pas être coupable?

» En peu de jours tout changea d'aspect dans la maison de mon frère; le comptoir en noyer fit place à un comptoir en acajou; la banquette garnie en velours d'Utrecht céda sa place à un joli canapé; au-dessus fut placée une belle glace qui ne dut plus réfléchir ma belle-sœur que parée et ornée de diamans.

» Mon frère, élevé dans un grand collége avec des fils de banquiers et de riches bourgeois, y avait moins appris de grec et de latin que puisé de goûts grandioses ; sa femme lui plut davantage dans sa riche toilette; il ne réfléchit point où cela menait : en moins d'un an il fut *coulé*.

» Mon triomphe commençait : que m'importait son épouse, que je détestais ? Que me faisait qu'il perdît une fortune qui ne m'était point destinée ? Ce que je voulais, c'était que la honte l'éloignât de Paris, de la France, de l'Europe ; car ainsi je pouvais disposer du reste, certaine qu'un jour je saurais bien aussi me débarrasser de ma sœur, et rester maîtresse de tout ce qu'alors pourrait posséder mon père.

» Un instant je crus que j'allais perdre tout le fruit de mes soins : mon père tenait à l'honneur de son nom ; il versait des larmes amères sur le malheur de son fils, et il plaignait sa faiblesse. Il s'accusait lui-même de l'avoir abandonné à son inexpérience ; il voulait payer tous ses créanciers, qui, de plus, se montraient fort dociles. La bonne réputation de mon père les mettait à sa disposition.

» Pour parer ce coup terrible, je me liguai contre mon père et contre mon frère en séduisant un créancier ; je peignis mon frère comme un fripon, et je fis courir le bruit qu'il allait être livré à la justice, comme coupable de banqueroute frauduleuse. Je montrai une copie de plainte que j'avais moi-même fabriquée, et mon père en perdit la tête. Effrayé de voir que son nom allait retentir devant les tribunaux, il se frappait la poitrine et s'arrachait les cheveux de désespoir... J'en sus faire mon profit : je lui conseillai de se rendre sur-le-champ auprès de mon frère, de le forcer à s'embarquer, avec sa femme et un enfant qu'il avait, pour l'Amérique.

» Habitué à obéir, confus de sa déconfiture, mon frère n'opposa aucune résistance, et ainsi je le vis livré, lui, sa femme et son enfant, aux hasards de la mer et à toutes les chances de la vie errante qu'ils allaient subir ; je supposai que je ne les reverrais plus... Ils sont morts, en effet, sur l'une des plages de l'Afrique, au milieu de la misère, du désespoir et du besoin. Il leur est bien resté un enfant, mais mon intérêt a su empêcher qu'on le fît revenir.

» Pendant l'arrangement qui fut fait des

affaires de mon frère, mon père distingua un jeune premier clerc d'huissier qui devait succéder à son patron. Je le distinguai aussi, quoiqu'il fût très-petit de taille, et enlaidi encore par deux gros yeux saillans comme ceux d'un bœuf; mais il n'avait pas inventé la poudre; on lisait écrit en gros caractères sur sa niaise figure : *Trompez-moi, jouez-moi :* je jugeai que c'était là le mari qu'il me fallait.

» Le mariage se fit.

» Je ne tardai pas à m'en repentir : la bonhomie de mon époux était de la bêtise; il n'entendait rien à sa profession; son étude alla mal, et je me voyais au moment de ne pouvoir satisfaire les goûts que vous me connaissez.

» F......y, qui n'était qu'un acteur médiocre, de plus chargé de famille, ne pouvait subvenir à mes besoins. Je tranchai la question : je signifiai encore une fois à mon époux que je voulais vivre dans mon appartement, et qu'il eût à rester dans le sien.

» Il alla s'en plaindre à mon père, qui se

fâcha de nouveau, m'interdit encore une fois sa maison, et me défendit d'y remettre jamais le pied..... Le bonhomme! il ignorait que je tenais les fils par lesquels je pouvais le faire mouvoir comme un pantin.

» Au reste, je fis la fière, et me conduisis comme si j'avais pu me passer de lui. Le hasard me servit à point pour soutenir le nouveau rôle que j'avais adopté, et je feignis même de m'isoler sans regret de ma mère; je portai la rigueur jusqu'à ne plus la voir du tout.

» Dans ces entrefaites, je rencontrai le père d'une de mes anciennes amies, épouse du caissier d'un journal de Paris. Cet homme était un ancien perruquier retiré, qui avait su profiter de la révolution. Mon babil, mes manières lui avaient toujours plu. Sa femme était vieille; il était un peu libertin; il me parla d'amour; je l'écoutai. Fat et prétentieux, je vis que j'avais trouvé ma dupe... je résolus de l'exploiter. Bientôt je le brouillai avec ses enfans, qu'il bannit de sa maison. Il avait un fils; je l'amenai à le forcer à prendre du service. Il ne restait plus que sa femme qui m'embarrassait ; il ne me fut pas difficile de souffler entre eux le feu de la discorde, et un beau matin la stupide vieille bonne femme, sans faire son paquet, se retira chez ses enfans, et me laissa maîtresse de la place.

» Un vieillard qui redevient amoureux est encore plus facilement aveuglé qu'un jeune homme : je fascinai les yeux du mien à un tel point, que je l'enlaçai de manière à ce qu'il ne pût plus m'échapper. Puisant dans sa bourse, selon qu'il me plaisait, maîtresse de ses volontés, je nageais dans les plaisirs.

» Un dimanche nous fîmes une partie de campagne à Courbevoie, où il y a une caserne. Nous dînâmes dans un café restaurant où vinrent plusieurs sous-officiers. Je remarquai un petit sergent bien vif, blond, haut en couleur, et qui portait l'épaulette comme un colonel. Sa vue raviva mon goût pour les militaires ; il me lança quelques regards tendres, j'y répondis... Il me montra un *poulet* ; j'alongeai la main pour le recevoir ; c'était un rendez-vous au même lieu pour le dimanche suivant; je lui fis signe que j'acceptais.

» Toute la semaine je ne fus occupée que de deux idées : celle de revoir mon joli sergent de la garde royale, et celle d'arracher une plume de l'aile de mon vieil hobereau... Dans la nuit du jeudi, je feignis de ne pas dormir et de sangloter. Il me demanda ce que j'éprouvais..... je lui répondis que j'avais des remords et des craintes très-vives ; que j'avais offensé mon mari, troublé son ménage, soulevé ses enfans contre moi, encouru la haine de ma famille; qu'il pouvait éprouver les mêmes agitations un jour, rétrograder sur ses pas, m'abandonner, et que je n'entrevoyais que l'avenir le plus triste. J'ajoutai que, pour ne pas élargir l'abîme sur le bord duquel je m'étais placée, je croyais prudent de le fermer par une prompte séparation, par la réparation de mes fautes, et par un plus prompt retour encore auprès des miens.

» Le vieil oison fut pris au piége.... il me protesta de son éternel amour; qu'il sentait toute l'étendue de mes sacrifices, et que jamais il ne m'abandonnerait. J'insistai sur mes doutes, sur ma résolution... il pleura, me fit des sermens à faire frémir l'enfer, et m'offrit tous les gages que je désirerais. C'était où j'en voulais venir : il se leva immédiatement et me signa une promesse de contrat de vingt mille francs. Le lendemain je reçus, en cadeau, des robes magnifiques, que je fis faire sur-le-champ pour que mon sergent ne m'échappât point.

» Le dimanche suivant je l'emmenai dîner à Courbevoie. J'y revis mon gentil sergent, et, le lendemain, nous eûmes un tête-à-tête de plusieurs heures dans un hôtel garni de la rue de la Bibliothèque.

» Mon sergent avait été si aimable qu'il m'avait dégoûtée de mon vieux barbon, et m'en séparer devint mon unique objet. D'ailleurs, je me mettais ainsi d'abord en possession de mes vingt mille francs, et je rentrais ensuite en grâce auprès de mon époux et de ma famille.

» Depuis quelques mois ma mère succombait sous le poids de mon absence et des

tourmens que j'avais su lui susciter ; tourmens qui l'eussent écrasée, si je ne fusse revenue auprès d'elle.

» En rentrant sous le toit conjugal et dans
le sein paternel, j'avais su tout préparer pour
faire proscrire ma sœur, et n'avoir plus rien
autour de moi qui m'embarrassât. Ma maison, celle de mon père, étaient mon empire,
mon trône, auprès duquel je ne pouvais
souffrir ni rivaux ni compétiteurs. Comme
vous, Prince, je voulais être seule et maîtresse absolue.

» Afin donc d'écarter ma sœur, j'avais adroitement fait connaître à quelques amies de
ma mère quelle était la faute qu'elle avait
commise avant d'être mariée, et je n'avais
pas manqué d'exciter quelques-unes de ces
commères à lui faire de ces demi-confidences
qui lui révélaient qu'elles étaient bien instruites. Par là je concentrais ma mère dans
son ménage et faisais de son mari son satel-
lite, dont elle ne pouvait se séparer ; car elle
avait tout à craindre en le quitttant : une
visite indiscrète, une conversation impru-

6.

dente, pouvaient la perdre à tout jamais.

»Je me réconciliai d'abord avec mon mari; le benêt ne put me résister cinq minutes. Il alla confidentiellement faire part de mon retour à ma mère, qui accourut avec lui auprès de moi. Je la reçus en souveraine qui permet à un sujet de l'approcher, et je lui permis de prendre sur ma joue un baiser que je ne lui rendis point, comme s'il me fût resté contre elle des ressentimens qui n'étaient pas encore entièrement effacés. Femme faible et abusée, à quel excès d'abaissement je l'avais réduite! Elle ne m'entretint point de mes fautes, elle ne me parla que de ses chagrins, des transes continuelles dans lesquelles elle vivait depuis quelques mois. « Comment se fait-il, me disait-elle à chaque phrase, que le secret du crime de ma jeunesse soit éventé ?» Elle ne pouvait le comprendre, car elle ne pouvait me soupçonner; et sa sœur, ma tante, qui me l'avait révélé, ne demeurait plus à Paris depuis long-temps, et ne connaissait nullement les personnes que j'avais rendues dépositaires de ma cruelle confidence.

» La circonstance était on ne peut plus opportune pour perdre entièrement ma sœur ; je la saisis. Je bâtis sur-le-champ une fable des plus vraisemblables, d'où il résultait que ma sœur avait un jour découvert le fatal extrait dans mon secrétaire, et qu'elle en avait abusé en le promulguant. Ma mère, déjà conseillée par ses préventions, par sa haine, accusa une fille innocente et ne songea point à celle qui était réellement coupable.

» Voyant ma mère convaincue, furieuse, je grossis le crime de cette inconséquence ; elle promit de s'en venger et me conjura de m'associer à elle pour calculer et diriger les coups de son ressentiment.

» Mais, pour assurer le succès de la double haine à laquelle ma sœur se trouvait maintenant en butte, il fallait aussi trouver un moyen qui la perdît dans l'esprit de mon père, dans lequel elle avait un défenseur.

» Ma sœur était sage ; elle ne quittait jamais la maison ; toujours soumise et empressée, elle vaquait à tous les travaux domestiques, tenait toutes les écritures et fort bien, quoiqu'elle ne fût allée à l'école que pendant quatre ou cinq mois; elle ne sortait jamais, supportait toutes les rebuffades de ma mère avec patience et résignation; en un mot, elle était une nouvelle Cendrillon. Enfin, j'ajouterai que, quoiqu'elle fût aimée de mon père, il ne lui était point permis de l'embrasser jamais; car ma mère était jalouse d'elle, et ma sœur était jolie; et j'ai entendu dire que mon père l'aimait tout bas; on a même accrédité des choses...; ma mère ne les a jamais démenties....., et il s'en est passé d'autres plus tard..... Dans tous les cas, glissons sur ce point.

» Pour anéantir donc cette affection, nous convînmes, ma mère et moi, que nous paraîtrions nous réconcilier entièrement tous les trois. Il s'ensuivait que nous chercherions à donner quelque agrément à ma sœur; que pour cela elle viendrait chez moi, et que je me chargerais du reste.

» Ma sœur ayant toujours vécu dans la plus grande contrainte, sans pouvoir jamais répliquer un mot aux reproches constans que

ma mère lui adressait, je pensai qu'il me serait facile de la faire passer pour une hypocrite. Il ne me sembla pas moins aisé de la
faire tomber dans les piéges que je lui tendrais,
car elle ignorait tout ce qui est intrigue.

» Je connaissais une espèce de chirurgien,
médecin marron, faisant l'important dans le
monde, mais pauvre diable dans le fait, des-
cendant, en particulier, pour vivre, jusqu'au
métier de charlatan. Il m'avait, dans un
temps, voulu faire sa cour, mais je l'avais re-
poussé, car il n'avait point le gousset garni ;
je jetai les yeux sur lui pour me seconder.

» Je l'invitai à déjeûner avec moi et ma sœur
seulement, résolue de les laisser en tête-à-tête
lorsque les fumées du champagne feraient
leur effet. Je fis boire un peu ma sœur, beaucoup le médecin marron, et lorsque je crus
le moment venu, je m'éclipsai, car je savais
que mon bourreau d'Esculape n'était pas très-
scrupuleux. Le coup manqua : ma sœur,
quoique petite, était robuste et très-énergi-
que ; l'honnêteté de son cœur, l'horreur que
lui inspira cette brusque attaque, centupla

ses forces, et elle sortit triomphante de la lutte.

» Elle se retira chez mon père, mais garda le plus profond silence sur cette scène terrible ; elle nous servait à souhait sans s'en douter. Toutefois, elle fit bien, car nous eussions trouvé le moyen de la faire tourner contre elle.

» Dans ces entrefaites, un jeune avocat, assez joli garçon, fort spirituel, homme du monde et littérateur, poète et journaliste, maniant assez bien la plume et l'épée, mais au cœur naïf et tendre, impétueux, car il avait l'imagination ardente, mais généreux et bon, parce qu'il avait l'âme droite et honnête, se présenta pour épouser ma sœur.

»Depuis long-temps il connaissait mon père ; il faisait ses affaires ; il lui avait même rendu de grands services ; mais ma mère le détestait, moi je ne pouvais le souffrir, précisément parce qu'il aimait ma sœur, et qu'il voulait devenir son mari.

» Je ne pouvais me faire à cette idée que ma sœur devînt la femme d'un homme qui lui donnerait un rang au-dessus du mien, et ma mère avait juré de ne point souffrir que la fille qu'elle avait toujours détestée eût une position plus belle que la fille de son cœur, que l'objet de toute son affection, puisque je n'avais pu rencontrer qu'un mauvais huissier.

» Ma mère, d'après mes conseils, parut cependant voir cette union future avec plaisir, et comprima ses ressentimens pendant plusieurs mois. Ma sœur se croyait sûre de son hymen ; mais un beau jour qu'elle était restée seule avec son amant, nous nous rendîmes, ma mère et moi, à la maison de mon père, et nous leur fîmes une *scène* très-scandaleuse, comme si nous les eussions pris en flagrant délit. Nous prolongeâmes nos cris, nos injures et nos reproches que toute la maison entendit, parce que nous savions que mon père allait arriver, et que nous rompions ainsi le lien qui avait été arrêté. Mon père devint furieux et ordonna au futur de se retirer ; ce qu'il fit.

» Mais nous le savions homme d'honneur.

Ma sœur se trouvant perdue de réputation par l'éclat que nous avions fait, nous ne doutions pas qu'il ne s'empressât de tout réparer et d'épouser au plus vite. Nous engageâmes mon père à l'aller voir et à lui demander sa parole d'honneur qu'il ne reverrait plus ma sœur. Il s'y refusa, et persista à dire que, bon gré malgré, il la prendrait pour femme.

» Il n'y avait plus à négocier; nous décidâmes donc que ma sœur serait envoyée à Harfleur, auprès du Havre, chez une tante, où elle est restée pendant deux ans, en attendant sa majorité.

» Ni le temps ni l'absence ne purent rien sur le cœur de nos deux amans. Notre jeune avocat n'abandonna point son amie; il lui faisait passer tout ce qui était nécessaire à sa toilette et à ses besoins, et, au bout des deux années, le mariage a eu lieu.

» Vous jugez de quelles tribulations ils ont été abreuvés! mais je leur en préparais de nouvelles. Puisque je n'avais pu empêcher le mariage, il fallait au moins le faire mal tourner.... cela ne me fut pas difficile.

» Pendant que les actes respectueux avaient été faits, je m'étais rapprochée de ma sœur et de son futur; mais celui-ci avait trop de mépris pour moi pour me croire sincère, et il était trop franc pour dissimuler l'éloignement qu'il éprouvait. C'est encore pour cela, précisément, que je voulais lui servir un plat de mon métier. Je m'étais, dis-je, rapprochée de ma sœur, et je lui avais fait espérer que je la réconcilierais, un peu plus tard, avec mon père, qu'elle regrettait beaucoup d'avoir fâché. Elle crut à mes caresses, et nous ne cessâmes point de nous voir. Son mari le lui avait cependant expressément défendu; c'était même la principale condition sous laquelle il l'avait épousée; mais je n'étais pas habituée à respecter des engagemens pris envers un époux. Nous nous voyions secrètement. Elle devint, au bout de neuf mois, mère de deux enfans magnifiques; le garçon seul a vécu.

» Je fus désolée de cet incident. Je savais que rien n'attache une femme à son ménage et à son époux comme des enfans ; ma tâche devenait donc plus difficile.

» Le hasard se chargea de me seconder : mon beau-frère fit des pertes; il fut trompé par un homme auquel il avait rendu les plus grands services, car il l'avait rendu à la société. Cet homme, qui avait une réputation littéraire assez belle, était tombé dans la crapule et la plus profonde misère ; il était même miné par une maladie affreuse. Mon beau-frère le fit guérir, le fit habiller par son tailleur et le nourrit pendant plus d'un an.

» Je savais que cet homme était un misérable dont on pouvait aisément s'emparer pour quelque argent et du vin, car il était ivrogne ; j'en fis l'auxiliaire de mes projets. Dans les dîners que je fis avec lui, je lui représentai que mon beau-frère était l'homme le plus dangereux auquel il eût pu se livrer ; que, dès l'instant qu'il était son créancier, il devait s'attendre à travailler toute sa vie pour lui, sans pouvoir s'acquitter jamais ; que ma sœur serait malheureuse un jour avec lui, et

qu'il fallait me seconder pour provoquer bientôt une séparation de corps et de biens. Je lui
glissai quelques écus, et cet homme, qui s'appelle Bonaventure de Ro....f..t, fut à moi. Je
lui recommandai surtout de profiter de la position où était mon beau-frère pour jeter dans
l'âme de ma sœur tout ce que la jalousie a de
tourmens et de terreurs. Mon beau-frère était
rédacteur d'un journal ; il rentrait tard chez
lui, parce qu'il était obligé de suivre les théâ-
tres et de rendre compte des pièces nouvelles.
Je le fis donc présenter, par mon zélé complice, comme infidèle, et se livrant, avec emportement, aux plaisirs qu'il trouvait faciles
auprès de certaines actrices, et notamment
de la Porte-Saint-Martin, où il venait de faire
représenter l'un de ses ouvrages, qui avait un
grand succès.

» Tout cela était faux ; mon beau-frère était
trop délicat et aimait trop sa femme, son enfant, pour s'exposer au moindre désordre.
Mais la jalousie est le mal le plus rapide,
parce que c'est celui qui ne peut raisonner,
et en peu de temps le trouble entra dans le

ménage. M. de R.....f..t m'informait de tout ce qui se passait; je voyais ma sœur; je soufflais le feu, et l'incendie enfin s'alluma.

» Je n'en voulais pas davantage. J'arrangeai donc tout de manière à enlever ma sœur secrètement et à provoquer cette séparation, que je désirais si ardemment. Mais il se présenta là une petite difficulté : l'enfant était très-malade; où le placer? Je me rappelai la nourrice de ma fille, et je le lui confiai. Cette femme était devenue très-pauvre; l'enfant pouvait y périr faute de soins; ce n'était pas cela qui m'occupait, et cela entrait même dans mes plans, car voilà où j'en voulais arriver :

» Séparer ma sœur de son mari, pour qu'il ne pût m'inquiéter, quant à la succession des biens de mon père; m'emparer de ma sœur, devenir sa directrice et son homme d'affaires, et faire tourner le tout à mon profit. J'avais eu la précaution de faire retirer mon père du commerce et de réaliser toutes ses créances; ensuite je lui avais fait faire, en faveur de ma mère, la donation de la partie des biens dont il pouvait disposer, et j'y avais fait ajouter l'usufruit du reste. Ces dispositions n'étaient point mutuelles, pour parer au cas où ma mère mourrait la première.

» Il était presque évident, pour moi, que mon père partirait le premier.

» En conséquence, ma mère restant, je disposais de tout ; maîtresse de ma sœur, sa portion tombait en mes mains ; si l'enfant de ma sœur mourait, j'étais l'unique héritière, et, qui plus est, je profitais encore de la donation dont mon beau-frère avait avantagé son épouse, puisque la séparation de corps la lui adjugeait.

» Je vis maintenant en attendant qu'il plaise à la nature de réaliser ce qui m'a coûté tant de veilles, de contrariétés et de soins, et le jour où je serai la maîtresse unique et absolue, sera le premier jour complètement beau que j'aurai vu.

» Pour le couronner selon mes sentimens, je me réserve, ce jour-là même, je réserve à ma sœur de l'expulser de chez moi, où elle vit moins, depuis qu'elle est séparée, comme une sœur que comme une domestique. L'avenir de misère que je lui prépare me vengera des tourmens qu'elle m'a causés; car j'ai su la compromettre au point de rendre impossible tout rapprochement entre elle et son mari, et la séparer de tous ses anciens amis. J'ai su l'éloigner constamment de son enfant, le lui faire repousser, lui faire trahir ses devoirs d'épouse et de mère. »

D. Miguel avait écouté ce récit avec une attention qui attestait jusqu'à quel point il lui plaisait. Madame G... avait fini, qu'il ne cessait d'écouter, et la regardait avec cette avidité qui semble dire : Ne finissez point encore.

Voyant cependant que madame G... n'avait plus rien à dire, il poussa un profond soupir, et s'élança dans ses bras en lui prodiguant les caresses d'enthousiasme d'une âme qui sympathisait si bien avec celle qui était pour son sexe ce que D. Miguel était pour le sien.

« Tout autre, à la place du Prince, ne m'eût, sans doute, pas ménagé les épithètes les plus injurieuses; son exclamation fut, au contraire, celle-ci :

« *Femme étonnante! femme extraordinaire!*
» Ah! notre rencontre est trop singulière;
» elle a même quelque chose de bizarre......
» Je veux, je désire que nous nous donnions
» réciproquement un gage de souvenir. Je
» vous prierai donc d'accepter cette petite
» croix en diamans, qui me vient de ma mère,
» et vous, vous me donnerez, par écrit, le
» récit que vous venez de me faire. Si jamais
» je parviens à monter sur le trône du Por-
» tugal, comme je l'espère, je vous promets
» que je le relirai avec le plus grand plai-
» sir (1). »

(1) Lorsque j'ai dit, page 58, que cette anecdote que j'allais raconter n'était point du roman, je savais bien que le lecteur en acquerrait la preuve par lui-même, en voyant d'abord qu'il serait impossible que j'eusse pu imaginer jamais un semblable caractère, quoique nous eussions sous les yeux celui de D. Miguel. Je dois expliquer maintenant comment l'histoire de cette femme abominable m'est tombée entre les mains. En 1827, je me trouvais auprès du Prince, à Vienne; il me chargea, un jour, au milieu de certains préparatifs politiques qu'il faisait,

Quelques jours après avoir quitté madame G..., il arriva à D. Miguel une aventure dans laquelle ses épaules furent grandement compromises. Il était entré dans une boutique de bonneterie, rue des Fossés-Saint-Germain-des-Prés, pour y faire des emplètes; la jeune personne qui la tenait était charmante, et c'était sa beauté qui lui avait valu son établissement. L'amant qui l'avait mise dans cette brillante position, était jaloux et ne la

de mettre quelque ordre à ses papiers; je fus frappé du contenu de celui-ci; je le gardai comme un beau parallèle à présenter un jour pour l'histoire du cœur humain.

Ayant eu l'occasion de faire un voyage à Paris, j'eus la curiosité de voir cette femme, que je trouvai en effet dans le local indiqué. J'osai l'entretenir du mémoire qu'elle avait laissé au Prince; elle m'avoua qu'en effet il était fort exact, et elle ajouta même : « Le Prince me quitta après m'avoir fait de nouveau les plus tendres caresses, et il ne revint me voir que pour prendre cette histoire, que je lui avais promis de lui donner par écrit. » J'avouerai, cependant, qu'il est beaucoup de traits que j'ai supprimés, mais que je réserve pour l'ouvrage que je me propose de publier un jour sous le titre de *Mémoires de la femme d'un huissier*.

quittait 'jamais; il était constamment assis dans la boutique auprès du comptoir.

D. Miguel demande beaucoup de choses et veut tout voir pour choisir. La marchande monte sur son comptoir pour prendre un paquet qui se trouvait dans les étages les plus élevés ; D. Miguel, sans respect pour le lieu ni pour la personne qui était présente, se permit l'un de ces actes qui fit jeter un cri aigu à la jeune personne et faillit la faire tomber.

L'amant, indigné, se précipite sur D. Miguel et le jette à la porte en lui laissant, sur le dos et dans le derrière, les témoignages qu'on n'offense point impunément en France une femme, ni ceux auxquels elle peut inspirer quelque intérêt.

D. Miguel fut assez maltraité pour être obligé de rentrer à l'hôtel Meurice et de se mettre au lit. Obligé de garder la chambre pendant plusieurs jours, il s'y ennuyait à mourir. Ne sachant comment se distraire, il imagina l'un des moyens cruels si ordinaires à son caractère.

Madame Meurice possédait un énorme chat noir angora, qu'elle chérissait, et pour lequel elle avait des soins à l'égal d'un enfant. Ce chat était fort doux et apathique comme les animaux dont on a changé la nature, qu'on a rendus imparfaits. D. Miguel fit donc prier son hôtesse de monter dans sa chambre pour lui demander un service. Il la pria, la conjura de lui apporter son chat pour lui tenir compagnie, parce qu'il aimait beaucoup ces animaux, et particulièrement celui-là. Madame Meurice n'osa pas refuser.

A peine le pauvre chat, déjà mutilé, fut-il en sa possession, qu'il se mit en devoir de pratiquer sur lui l'une des expériences qu'il avait tant aimé à faire dans sa jeunesse. Il lie donc les pattes au malheureux chat, lui fixe la tête sur une table, à l'aide de plusieurs clous, de manière à n'en point recevoir de morsures; armé alors d'un scalpel, il frappe lentement au cœur l'animal, qui expire au milieu de miaulemens horribles qu'il a soin d'étouffer sous l'oreiller de son lit. Il le dépouille ensuite, le découpe par petits morceaux, appelle madame Meurice, et lui dit froidement, en lui montrant les membres encore palpitans de son chat favori, étendus proprement sur la peau : *Madame, allez à présent me faire un civet.*

A cet aspect, madame Meurice tomba évanouie, et faillit mourir des suites de l'émotion et du chagrin que lui avait causés le massacre de son chat favori.

D. Miguel ne put rester plus de six mois à Paris, où rien ne pouvait l'attacher ni lui plaire. Mais, pour le quitter, à défaut de permission, il lui fallait un prétexte; il prit donc celui de visiter les provinces, et il se rendit à Strasbourg.

A peine y fut-il arrivé qu'il se hâta de se rendre à Vienne, où il fut presque immédiatement placé sous la garde directe de l'empereur. On verra, plus tard, de quelle attention il était l'objet; mais n'intervertissons point l'ordre des faits.

Le comte Ribeira, ci-devant ambassadeur

à Saint-Pétersbourg, homme respectable en tout point, accompagna l'Infant comme conseiller et comme directeur. L'Infant se trouva bientôt fatigué de la présence de ce vénérable vieillard, qui fut, au bout de très-peu de temps, trouvé mort dans son lit. On prétend qu'il avait succombé au poison.

Pendant son séjour à Vienne, D. Miguel ne parut s'occuper que de chasse et de voyages ; mais, comme on le verra par la suite, et ce que l'on comprendra difficilement, il était réellement occupé d'idées sérieuses, de ces idées qui démontreront qu'il savait profondément dissimuler, qu'il était réellement familier avec ce vice des cours, devenu de nos jours si répandu dans leur enceinte et si funeste pour les peuples.

D. Miguel laissa Vienne pour aller en Hongrie, où il resta assez long-temps. Il y fut bien accueilli comme prince; mais il ne put lui échapper que réellement on ne l'estimait que bien peu, et que, dans les cercles les plus élevés de la société, il ne se trouvait point à sa place.

Ce que, jusque là, les représentations et les prières n'avaient pu opérer sur lui, la honte le produisit; il s'habilla à la moderne, prit des leçons d'écriture, d'histoire et de français. Il renvoya dans le Portugal ses domestiques, dont les manières étaient trop rudes, et s'entoura d'Allemands.

Quoique cette réforme n'eût rien changé à son caractère, sa conduite extérieure en devint du moins plus convenable et plus décente.

Le vieux roi, D. Jean VI, mourut au mois de mars 1826, après une courte maladie accompagnée de vomissemens continuels, provoqués, à ce qu'on chercha à faire croire, par une indigestion; mais la rumeur publique accusa la reine de l'avoir fait empoisonner par son chirurgien particulier, *Aguiar*. L'on ne peut affirmer si la reine fut réellement coupable de ce crime; mais, ce qui est bien certain, c'est que l'un des chirurgiens présens à l'agonie du roi, et qui avait sa confiance, a affirmé que le roi avait été réellement empoisonné. Comme il l'a dit depuis encore, il trouva que l'estomac était enflammé dans trois endroits.

Selon l'opinion la plus accréditée, le poison avait été donné dans des oranges, que le roi aimait beaucoup.

L'embaumement coûta plus de trois mille écus, et le chirurgien Aguiar quitta bientôt après Lisbonne très-mécontent. Il se rendit au Brésil, d'où il revint cependant en Portugal, muni d'ordres de l'empereur.

A la suite d'une audience qu'il eut avec la reine, il fit demander, dans l'antichambre, un verre d'eau.... Deux heures après il était mort au milieu des vomissemens et des douleurs les plus aiguës.

Le soupçon qu'éveilla cette mort si rapide s'accrut encore de cette circonstance que le corps était entièrement noir. Mais comme la permission de faire l'autopsie, qui ne peut avoir lieu, en Portugal, que du consentement du ministre, ne fut point accordée, et que tous les papiers du mort furent soustraits, on ne put point connaître la vérité tout entière.

On a dit qu'il avait été empoisonné, parce

qu'on craignait qu'il ne fît des révélations : c'est la réflexion naturelle, en effet, qui se présente.

Après la mort de Jean VI, D. Pédro fut proclamé roi sans la moindre opposition. Selon l'antique usage, les magistrats se rendirent sur les principales places de leurs villes, où un héraut d'armes, placé sur une estrade, cria : *Pleurez ! pleurez, peuples ! votre roi D. Jean VI est mort.* Il ajouta : *Vive D. Pédro, votre nouveau roi !*

Il fut aussitôt envoyé à Rio une députation, avec le duc de Lafoes à sa tête, pour porter à l'empereur du Brésil l'hommage de la nation, et le prier de daigner venir en personne à Lisbonne, ou d'y envoyer sa fille aînée comme reine. Le duc devait présenter encore à l'empereur plusieurs autres demandes ; mais, comme D. Pédro avait déjà arrêté sa résolution, il écouta le long discours du duc sans l'interrompre. Quand ce dernier eut fini, il lui demanda s'il n'avait rien à ajouter, et, sur sa réponse négative, il lui répliqua : « *Va dire à ceux qui t'ont mis ce*

discours dans la bouche que j'y ch.. (1), expression par laquelle l'empereur témoignait
son improbation.

Ce manque d'égards envers la députation,
la manière dont il accueillit les vœux qu'on
venait de lui exposer, firent naître le premier mécontentement que la rusée reine ne
manqua pas d'entretenir par tous les moyens
qui furent en son pouvoir. Ses intrigues ne
parurent, toutefois, dans tout leur jour, que

(1) La phrase allemande nous force de conserver sa
construction, de même que la décence nous interdit de
tracer en entier l'expression.

On est étonné, sans doute, de rencontrer un mot de
cette trivialité dans la bouche d'une tête couronnée; mais,
malheureusement, il faut l'avouer, D. Pédro n'y regarde
pas de si près. Au reste, il s'agit moins de considérer l'expression que la portée qu'elle a : elle confirme que D. Pédro avait déjà des arrangemens secrets et qu'il renonçait
au trône du Portugal, comme il l'a tant de fois prouvé et
dit depuis. Il ne s'attendait pas, sans doute alors, à se voir
chassé du trône du Brésil, et à être obligé de faire une
démonstration telle que celle dont il est aujourd'hui le
héros; mais le mal était déjà fait, et il ne devra la honte
d'une inutile entreprise qu'à lui-même.

lorsque D. Pédro eut envoyé à la régence, que son père avait nommée, et que lui-même avait confirmée, la Charte constitutionnelle dont lord Stwart fut le porteur.

A l'apparition inattendue de cette Charte, les libéraux furent transportés de joie; les gens modérés se trouvèrent contens. Mais la noblesse et le haut clergé la voyaient avec dépit et répugnance, et n'étaient nullement flattés de la nomination d'une chambre de pairs. Vers la fin de juillet 1826, le peuple s'était montré tout-à-fait partisan du nouvel ordre de choses, puisqu'il avait exigé la promulgation de la Constitution : il se trouva que, dans toute l'étendue du royaume, le serment de fidélité à la Charte avait été prêté sans la moindre opposition.

La reine crut dès-lors devoir faire jouer ses intrigues et ourdir ses machinations avant que la Constitution eût jeté des racines plus profondes. Elle se trouvait soutenue par son frère, le roi d'Espagne, à qui le nom seul de Constitution donnait des nausées.

Voici une anecdote qui caractérise parfaitement Ferdinand VII. Il montra une velléité de donner une Charte à son peuple, et il en fit publier le décret dans la gazette de Madrid, à ce que nous croyons ; mais nous ne sommes pas certains que ce soit dans cette feuille, quoique nous l'ayons lu. Quelques jours après, le méticuleux monarque fit publier un décret tout contraire.

On a mis cette variation sur le compte de la diplomatie : il est de fait qu'on ne prête qu'aux riches.

Revenons à la conjuration de la reine. Les commandans, trop corruptibles, de quelques régimens en garnison au nord et au sud du royaume, engagèrent leurs soldats à la révolte, et, dès le mois d'août de la même année, les deux extrémités du royaume retentirent des cris : *Mort à la Charte ! Mort à D. Pédro ! Vive notre seigneur l'Infant, roi absolu !*

Ce qui se passait alors était l'avant-coureur de ce qui devait avoir lieu plus tard. Cette opposition contre D. Pédro fut le résultat de l'intrigue des contre-révolutionnaires, qui

s'étaient arrangés de manière à la faire écla-
ter le jour même où devait se prêter le serment à la Charte.

En effet, le 5ᵉ régiment de ligne, qui était
à Estrémos, prêta son serment le matin,
et, après l'arrivée des dépêches, vers une
heure de l'après-midi, le même régiment
proféra les cris dont on vient de parler.

Comme le peuple, que l'on voulait sonder,
n'y répondit point, le régiment fut obligé
de passer en Espagne.

Cette contre-révolution ne trouva pas la
moindre sympathie sur aucun point du Portugal.

Le marquis de Chavès, jadis comte d'Ama-
rante, qui déjà s'était levé, en 1823, contre
les Cortès, et qu'à juste raison on regardait
comme un fou, soutenu des comtes de Ca-
nellos et de Monte-Allegré, nouvellement
anoblis, arbora le drapeau de la révolte,
dans le nord, à Villa-Réal, où se trouvaient
ses propriétés ; mais il n'y trouva, pour tous
auxiliaires, que le curé, le sonneur de cloches
et ses domestiques. Il se présenta devant un

corps-de-garde dont les soldats, auxquels il offrait de l'argent, le repoussèrent en lui présentant la baïonnette. Enfin, le peuple se leva en armes contre lui, et le noble marquis fut obligé de se sauver en Espagne, refuge de tous les ennemis de la liberté portugaise.

Magess (1), qui, de simple soldat, était monté au grade de brigadier-général, mais qui ambitionnait des titres plus grands encore, imita, dans le sud, le marquis de Chavès.

Tellès-Jordaô et le baron de Mollellos, que le feu roi avait comblés de grâces, en firent autant dans l'ouest, près Guarda et Almeida.

Le baron de Mollellos, invité à se prononcer pour D. Miguel, avait un instant balancé,

---

(1) Avant que la révolution éclatât, Magess était gouverneur d'Estremos (dans l'Alemtejo), où il donnait des soirées charmantes, présidées par sa femme, qui avait beaucoup d'esprit, et dont sa fille faisait l'ornement par sa beauté. Il avait une singulière monomanie, celle de parler de ses intestins, sur l'histoire desquels il ne tarissait point. Il prétendait surtout en avoir un qui s'étendrait depuis Estremos jusqu'à Saint-Pétersbourg.

parce qu'il craignait pour sa famille et pour ses propriétés ; mais, bientôt rassuré par M. A'Court, et il ne demandait pas autre chose, il se joignit à ses *honorables* amis.

Cette ombre d'armée proclama rois, tantôt D. Miguel, tantôt D. Sébastien, fils de la princesse de Beira et du prince espagnol D. Pédro, et jusqu'au marquis de Chavès lui-même, sous le nom de Manuel II.

Le comte de Villaflor, à la tête de quelques troupes fidèles, la repoussa facilement en Espagne, où elle recruta cependant des secours à l'aide desquels elle fit de fréquentes excursions dans le Portugal.

Les portraits et les anecdotes ne sont point déplacés dans une histoire sans prétention, où l'on s'occupe plus particulièrement de faire connaître les personnages et leurs sentimens, que de compasser les faits et de les classer dans un ordre rigoureux ; arrêtons-nous donc un instant à la marquise de Chavès, qui ne peut être indifférente, puisqu'elle marche dans la même voie que son illustre époux.

L'on a vu que la mère de D. Miguel était excessivement laide; la marquise de Chavès était horrible. La reine aurait pu dire d'elle ce que le duc de Roquelaure dit un jour à Louis XIV en lui présentant un solliciteur qu'il avait rencontré sur la route de Versailles : *Voici la femme à laquelle j'ai les plus grandes obligations, car je ne suis plus la plus laide de mon royaume.*

La pauvre marquise était disgraciée au point qu'elle n'avait jamais pu trouver un amant, dans quelque classe qu'elle l'eût cherché, et quelque prix qu'elle eût mis au courage qui eût fait accepter ses propositions.

La marquise n'était pas moins cruelle que laide. Etant entrée un jour dans une maison fort recommandable, dont le maître avait deux filles charmantes, elle les livra à la brutalité des soldats qui l'avaient accompagnée, en récompense de leurs peines et de leurs services.

Voilà ce qui s'appelle de dignes partisans de D. Miguel, et de plus dignes ornemens de sa cour.

Au milieu des intrigues et des insurrections partielles dont le Portugal était le théâtre, l'Espagne menaçait de plus près la Péninsule. La régence demanda donc des secours au cabinet anglais. Le libéral Canning (1), qui désirait le maintien de la Charte, envoya six mille hommes de troupes anglaises.

Ces forces empêchèrent l'Espagne de continuer ses hostilités; mais elle ne cessa point, pour cela, de fournir des vivres et des munitions aux insurgés portugais, de leur payer leur solde, et de soutenir, de tous ses moyens, leurs entreprises contre leur patrie.

Malgré cela, l'Espagne tout entière n'en manifesta pas moins de plus en plus le désir d'avoir une constitution. Des régimens en-

(1) Nous regardons comme des dupes, tous ceux qui ont pu croire au *libéralisme* de Canning. Ce ministre n'a aimé la liberté qu'à l'instar des autres libéraux, et nous sommes convaincus qu'il est le père du système suivi de nos jours. Canning était trop *bon* Anglais pour aimer la liberté autrement que pour le profit de sa patrie, et il y avait du Caton dans Canning.

tiers d'Espagnols passèrent dans le Portugal pour combattre, de là, l'absolutisme de leur gouvernement.

Mais ces généreux Espagnols furent désarmés sur le sol même qu'ils avaient voulu affranchir, et envoyés en cantonnement dans diverses villes, où ils reçurent, comme les Portugais en Espagne, du pain et une solde. Il leur était interdit de s'éloigner du lieu qui leur était assigné. Leur sort devint de plus en plus triste après l'arrivée de D. Miguel en Portugal : officiers, sous-officiers et soldats furent jetés dans des pontons et dans des forteresses. Sur les pontons, où ils furent mis aux fers, ils manquèrent souvent du nécessaire. Les malheureux, après avoir végété dans cet état pendant un an et demi, purent enfin se rendre, par divisions de trente hommes, en Hollande, pour laquelle il n'avait cependant été expédié que deux transports à la fin de 1830.

Du sein du Portugal même, il eût été facile alors de forcer le roi d'Espagne à donner une constitution libre à son pays, et par

8.

là le repos de la Péninsule se fût trouvé assuré.

Nous ne nous dissimulons pas cependant qu'il fût encore resté une question : celle de savoir si la France y aurait consenti, ce que le Portugal devait bien peser dans la situation où il se trouvait. D'un autre côté, la reine employait tous les moyens en sa puissance pour empêcher ce résultat, et faisait jouer le crédit et l'activité de toutes ses créatures.

Au milieu de toutes ces intrigues, la régence était faible et incertaine. D. Pédro, en faisant de son côté des nominations arbitraires, révolta le plus grand nombre, et renforça encore le parti de la reine.

Canning mourut dans cet intervalle, et, avec lui, périt le ministère libéral qui, par sa diplomatie, avait exercé une influence suffisante pour faire retirer à l'Espagne ses troupes des frontières du Portugal, et renvoyer les Portugais désarmés dans l'intérieur du pays.

Les véritables patriotes portugais, les hommes éclairés et sans passion, ne voient dans

Canning que le bourreau de la liberté de leur patrie et de celle de l'Europe ; les faits dont ils s'autorisent nous paraissent péremptoires ; mais en voici deux sur lesquels ils s'appuient plus particulièrement : premièrement, le secours qui fut provoqué par A'Court, et demandé dans la Chambre des cortès, où il fut adopté, fut voté à l'unanimité par la Chambre des pairs, très-opposée à la révolution, et il est à remarquer qu'elle n'a accueilli que cette seule loi ; secondement, les troupes anglaises, une fois arrivées en Portugal, ne se sont nullement battues contre les rebelles ; elles sont restées dans les citadelles, dans les lieux qu'elles avaient occupés, et, plus tard, elles ont appuyé D. Miguel.

Nous ajouterons que Canning n'a joué, à nos yeux, qu'une adroite comédie pour réconcilier l'Angleterre avec l'Europe. Depuis long-temps son gouvernement machiavélique, sans loyauté, égoïste, avait indisposé tous les peuples du continent. La France, surtout, voyait en elle sa plus cruelle ennemie ; car c'était à elle qu'elle devait les revers et les humiliations qui avaient accompagné la chute de l'Empire. Le peuple anglais sympathisait plus avec les idées qui fermentaient en France et ont amené la révolution de juillet, qu'avec son gouvernement. Il était donc important, et d'une haute prudence, pour le cabinet de Saint-James, de feindre de se mettre à la tête du mouvement, afin de le maîtriser plus tard, tant chez lui qu'au dehors. Ce qui s'est passé prouve et justifie cette réflexion.

Par suite de ce système, le Portugal fut la dupe de ceux qui se montraient ses protecteurs et ses auxiliaires. Le chef des troupes anglaises, en Portugal, avait reçu de Canning, qui feignait de ne voir le pays menacé qu'au dehors, l'ordre de ne point se mêler des affaires de l'intérieur; et comme le ministère Wellington ne garda des instructions de l'homme qui venait de mourir, que les *mots* et non le *sens*, la Constitution portugaise ne trouva plus aucun appui (1). Les Cham-

---

(1) Rien n'est remarquable et incompréhensible comme la bonhomie des peuples ! Après les exemples donnés par

bres étaient livrées à la division, à des intrigues et à des conflits. Les meilleures lois que
fit la Chambre des députés furent ou rejetées
ou repoussées dans la Chambre des pairs par
de simples ordres du jour.

On ne saurait croire que, dans l'espace de
deux années, il n'y ait eu que deux lois qui
aient passé : celle qui introduisait une lourde
taxe de timbre, et celle qui fondait, dans
l'Université de Coimbre, un *institut africain*
pour l'éducation de jeunes nègres.

Cette dernière loi, éminemment philan-
tropique, devenait, par une conséquence
raisonnée, le complément du système de lé-
gislation sur l'éducation, qui est des plus
complets en Portugal. C'est une erreur par-

la France, malgré leur entraînement général vers des institutions et des garanties, malgré les résistances de leurs
gouvernemens à leur donner des lois nouvelles, malgré
leurs efforts toujours comprimés, malgré, enfin, leurs
soulèvemens stériles, ils se sont constamment laissés abuser par des mots et de plus vaines promesses. N'ont-ils
pas ainsi légitimé le despotisme ?

tagée par presque tous les étrangers, et même par M. Balbi, auteur de la *Statistique du Portugal*, que la Péninsule manque de moyens de s'instruire. Il n'y a point de pays au monde où l'instruction primaire ait un aussi grand nombre d'établissemens dont les maîtres sont payés par le public. Il existe même une loi de *subsides littéraires* dont l'objet est d'assurer un traitement aux professeurs.

Si donc le peuple portugais croupit dans l'ignorance, il n'en peut accuser que lui qui est assez malheureux pour ne pas sentir le besoin d'en sortir.

Devant des Chambres aussi stériles, il n'y a donc pas lieu de s'étonner que l'opinion publique se prononçât de plus en plus contre la régence, par cela même que, de leur côté, les ignorans, les malveillans et les partisans de la reine attribuaient tous les malheurs à la Constitution.

C'est dans cet état que se trouvaient les affaires du Portugal, lorsque D. Miguel fut nommé régent du royaume.

On n'a pas encore découvert d'une manière

bien positive, si, pendant que D. Miguel était à Vienne, il avait eu des intelligences avec sa mère et avec la faction anti-constitutionnelle, quoique son caractère autorise cette supposition. Il est de fait que D. Pédro y fut lui-même trompé, ou du moins feignit d'en douter. Toutes les promesses de l'Infant, toutes ses déclarations, tous ses sermens sont tellement marqués au coin de la sincérité, qu'on ne peut supposer qu'il ne fût de bonne foi. Mais nous allons mettre tout-à-l'heure sous les yeux du lecteur un tableau rapide de la conduite du prince à Vienne; c'est le résumé de notes diplomatiques que nous avons sous les yeux.

Lorsque nous avons dit que, dès que l'Infant était arrivé à Vienne, il avait été placé sous la surveillance de l'empereur, le lecteur en a nécessairement conclu deux choses : ou qu'il était l'objet de desseins particuliers, ou qu'il en avait lui-même qu'on n'ignorait pas. On savait quelle était l'éducation qu'il avait reçue de sa mère, qu'il avait trempé dans toutes ses intrigues, et l'on devait supposer

qu'il pourrait participer à de nouvelles machinations, quelque éloigné qu'il fût du Portugal.

Tout porte en effet à croire que l'Infant
avait son thème fait d'avance; car sa conduite
va démontrer que tout était calculé.

D. Jean VI mort, il écrivit à S. A. S. l'infante D. Isabella Maria, le 6 avril 1826, une
lettre par laquelle il exprimait le *plus profond chagrin* de la perte de son père; il protestait contre ce que *quelques personnes mal-
intentionnées, ayant des vues sinistres et ré-
préhensibles, pourraient chercher à exciter
dans le royaume des troubles déloyaux et criminels, en se servant peut-être de son nom pour
mieux déguiser leurs pernicieux desseins* (1).
Déplorant alors son éloignement, à l'occasion
de ses craintes, il fit la *déclaration de son
respect le plus profond pour les volontés dernières et souveraines de son père et seigneur;*
et il reconnaissait *son très-cher frère et sei-*

____

(1) Sur quoi pouvait-il sitôt fonder une pareille supposition, si déjà il ne savait ce qu'on devait faire?

gneur, l'empereur du Brésil, pour l'héritier et successeur légitime du trône du PORTUGAL.

Il ajoutait : « Je vous engage donc, ma
» chère sœur, dans le *cas probable* où quel-
» que individu aurait la témérité et l'audace
» d'abuser de mon nom pour masquer des
» projets subversifs du bon ordre et de l'exis-
» tence légale du conseil de gouvernement
» établi par celui qui avait le droit incontes-
» table de l'instituer, à faire déclarer et pu-
» blier, en temps et lieu convenables, etc., les
» sentimens qui partent spontanément de
» mon cœur, et sont inspirés par la fidélité
» et le respect dus à la mémoire et aux der-
» nières volontés de notre bien aimé père et
» seigneur. »

L'Infante régente n'eut pas plutôt reçu cette lettre, qu'elle la fit publier, et l'Infant s'empressa de l'en remercier par une nouvelle lettre qu'il lui adressa sous la date du 14 juin. Cette lettre renfermait les complimens et les éloges les plus flatteurs pour l'Infante, et finissait par ces mots : *En attendant que le successeur légitime ait pris les mesures qu'en*

qualité de souverain il lui appartient de pres-
crire, et auxquelles nous devons tous nous sou-
mettre.

Le 6 avril précédent, D. Miguel avait adressé à D. Pédro, son frère, une lettre par laquelle il protestait de sa soumission et de son dévoûment à sa couronne; le 14 mai il en avait écrit une autre pour confirmer ces protestations, et il l'avait adressée à l'empereur du Brésil par l'intermédiaire de son ministre à la cour de Vienne, qui se rendait en Angleterre. Il disait dans cette lettre, QU'IL REGARDAIT D. PÉDRO COMME SON SEUL SOUVE-RAIN LÉGITIME. Il ajoutait : « Je continue à » résider ici en employant mon temps le » plus utilement qu'il m'est possible, jouis-» sant de l'affection vraiment paternelle avec » laquelle LL. MM. II. daignent me traiter, et » dont je chercherai constamment à me ren-» dre digne, ainsi que de l'approbation de » V. M. I. et R. que j'ambitionne par-dessus » tout. »

Le 2 mai l'empereur abdiqua la couronne du Portugal en faveur de sa fille Dona Maria II.

Il ordonna par le même acte qu'elle serait fiancée avec son frère D. Miguel, et qu'elle l'épouserait. A défaut de l'accomplissement de ces conditions, l'abdication n'était point définitive.

D. Pédro ayant décrété et octroyé une Charte au peuple portugais, le 29 avril 1826, il exigea que D. Miguel lui prêtât serment. L'Infant le prêta, en effet, le 4 octobre, sur l'invitation de l'empereur d'Autriche, avec *lequel se trouvaient*, dit-on, *d'accord les intentions de l'Infant;* il prêta, dis-je, son serment dans les mains du baron de Villa-Secca, en présence du marquis de Rézende, ministre de S. M. l'empereur du Brésil. Ce serment prêté, le baron de Villa-Secca et l'Infant lui-même écrivirent au Saint-Père pour obtenir la dispense de parenté qui existait entre lui et la reine actuelle Dona Maria II.

Le 29 du même mois la dispense demandée étant arrivée, l'Infant célébra ses fiançailles avec sa nièce Dona Maria II, dans le palais impérial de Vienne, entre les mains du baron de Villa-Secca, fondé de pouvoirs pour la jeune reine, envoyé extraordinaire et ministre plénipotentiaire près S. M. I. et R. A. Les témoins requis furent CHARLES-JOSEPH; le vicomte de REZENDE; FERDINAND; FRANÇOIS-CHARLES; le prince de METTERNICH.

Ces fiançailles conclues, la Chambre des pairs de Lisbonne envoya une adresse de félicitations à l'Infant, le 29 novembre suivant.

Le 25 février 1827, l'Infant répondit à la Chambre des pairs pour la remercier de l'adresse qu'elle lui avait envoyée.

Le 3 juillet suivant, D. Pédro IV rendit un décret par lequel il nommait l'infant D. Miguel son lieutenant dans le royaume du Portugal. Les considérans de ce décret sont fondés sur la *capacité, l'activité et la force de caractère de l'infant D. Miguel.*

Alors s'engagea entre l'Autriche, l'Angleterre et D. Miguel, le commerce des *protocoles,* devenu si florissant depuis.

Le premier, qui eut lieu à l'occasion de l'Infant, fut tenu à Vienne le 18 octobre (1827), chez le prince de Metternich. Ce rusé ministre

« proposa à l'ambassadeur d'Angleterre et à
» Messieurs les plénipotentiaires portugais,
» MM. de Villa-Secca, de Villa-Réal, de consi-
» gner, dans un protocole officiel, le résultat
» des négociations *confidentielles* qui avaient
» eu lieu entre lui et MM. de Villa-Secca et
» Villa-Réal, depuis l'époque de son retour
» à Vienne, relativement au départ de l'In-
» fant, au voyage de ce prince, et à la ligne
» de conduite qu'il se proposait de suivre à
» son arrivée à Lisbonne. »

L'Infant ayant eu communication des déterminations qui avaient été prises à son
égard, il paraît qu'il donna l'ordre de rédi-
ger sur-le-champ diverses lettres à l'empereur du Brésil, à S. M. le roi d'Angleterre
et à l'Infante sa sœur. Il voulut que celle-ci
fût *conçue de manière à être rendue publique
et à ne laisser aucun doute sur sa ferme volonté d'en maintenir religieusement les institutions, de vouer le passé à un entier oubli*, MAIS
DE CONTENIR, EN MÊME TEMPS, AVEC FORCE ET
FERMETÉ, L'ESPRIT DE PARTI ET DE FACTION
QUI A TROP LONG-TEMPS AGITÉ LE PORTUGAL.

Le prince de Metternich voulut que l'Infant ajoutât au titre de *lieutenant du royaume* celui de *régent*, « attendu qu'étant appelé,
» par le décret de l'empereur D. Pédro, du 3
» juillet, à succéder à sa sœur dans l'exercice
» de la régence, il serait également contraire
» à sa dignité personnelle, à celle de la na-
» tion portugaise et à la volonté de l'empe-
» reur D. Pédro, qu'il prît un titre au-dessous
» de celui que l'Infante a porté ; qu'il ne pou-
» vait d'ailleurs exister aucun doute sur les
» intentions de ce souverain à cet égard ;
» qu'elles ressortaient clairement de la teneur
» de la note du marquis de Rézende, du 19
» septembre, de celle des instructions dont
» cet envoyé était muni, de celle enfin de
» l'empereur D. Pédro au roi d'Angleterre,
» puisque, dans ces différentes pièces, il est
» *explicitement* ou *implicitement* dit que ce
» souverain confère la régence à l'Infant.
» Il n'y a aucun doute, enfin, que le décret
» de l'empereur D. Pédro, à l'Infant son
» frère, en date du 3 juillet, portait, sur
» l'adresse, l'inscription : A L'INFANT DOM

Miguel, régent du royaume de Portugal. »

L'ambassadeur d'Angleterre ne se prononça pas affirmativement, mais les plénipotentiaires portugais y donnèrent leur complète adhésion. Dès le 19 septembre, le marquis de Rézende avait déjà écrit au prince de Metternich pour lui demander de faire reconnaître par son gouvernement la qualité que le décret du 3 juillet conférait à l'Infant, et de presser son départ pour le Portugal. L'empereur D. Pédro écrivait à son frère, ce même juillet, qu'il l'avait nommé son lieutenant, *la considération de sa conduite régulière et de sa loyauté reconnue.*

Les lettres de l'empereur D. Pédro au roi d'Angleterre et à son beau-père, l'empereur d'Autriche, étaient toutes élogieuses, dans le même sens, pour D. Miguel, afin de justifier les titres qu'il venait de lui conférer et d'en obtenir l'approbation.

Jusqu'ici les choses semblent se passer comme si D. Miguel y adhérait avec plaisir, mais il paraît cependant qu'il en était autrement. L'Autriche et l'Angleterre étaient bien d'accord, mais D. Miguel y opposait un peu son *veto*. Nous voyons, en effet, que le prince de Metternich écrivait au prince d'Esthérazy: que ni lui ni M. de Villa-Réal ne pouvaient trop déterminer l'Infant *à se soumettre, avec une entière déférence, aux ordres de l'empereur D. Pédro, et à hâter son départ pour le Portugal. Il fut obligé de se réunir, tous les jours, avec MM. de Villa-Secca et de Villa-Réal, afin de se rendre* MUTUELLEMENT *et* CONFIDENTIELLEMENT *compte du résultat de leurs démarches auprès de D. Miguel, et pour se concerter sur celles que les circonstances pourraient exiger.*

Cette marche éprouvait beaucoup de difficultés auprès de l'Infant, parce que, d'un côté, on avait l'air de lui imposer MM. de Villa-Secca et de Villa-Réal, et que, de l'autre, on lui signifiait que *l'empereur ne permettrait, en aucun cas, qu'il passât par l'Espagne, attendu que, outre les graves inconvéniens qui, dans les circonstances actuelles, devaient l'en détourner, il ne pourrait se le permettre sans agir contre les vœux de l'empereur D. Pédro, son frère, et contre l'opinion unanime de toutes les puissances de l'Europe.*

Il résulte de la lettre que nous avons citée plus haut, qu'en effet l'Infant avait eu l'intention d'effectuer son retour en Portugal par l'Espagne, mais qu'enfin il y renonça et qu'il choisit les personnes qu'on lui avait proposées pour ordonner tous les préparatifs. Il y a une observation fort remarquable à faire ici, c'est qu'outre les restrictions qu'il mit à son assentiment, *il donna les assurances les plus positives de sa ferme volonté de ne laisser approcher de sa personne aucun réfugié portugais.*

« L'Infant était alors fortement préoccupé
» de deux idées, qui avaient la valeur de
» deux déterminations positives : nommé-
» ment celle de ne s'embarquer que sur un
» vaisseau portugais, et de ne pas toucher
» terre entre l'Autriche et le Portugal (1). »

(1) Il nous semble qu'on doit conclure, de cette détermination de l'Infant, qu'il craignait des embûches de la part de l'Autriche, qu'il devait supposer plus dans les intérêts de son frère, qui était gendre de l'Empereur, que dans les siens ; qu'il en redoutait également de la part de

Cette déclaration créait un grand embarras et différait de beaucoup le départ de l'Infant; car, s'il n'était pas inexécutable de faire venir des vaisseaux portugais, il fallait au moins trois mois pour qu'ils pussent être armés à Lisbonne et conduits ensuite à Livourne pour y recevoir D. Miguel; de plus, à ces trois mois, il fallait encore en ajouter au moins un pour la traversée de Livourne à Lisbonne, qui, dans cette saison, était longue et incertaine.

Comme le prince de Metternich fait remarquer ici « que l'Infant ne pouvait pas » être rendu à sa destination avant quatre à » cinq mois; qu'un aussi long retard pouvait » rendre son début *plus difficile et même plus* » *dangereux*, » il est clair que le cabinet de Vienne ne voulait point donner à la Constitution le temps de jeter des racines profondes, parce qu'alors, seulement, il eût été *plus dif-*

l'Angleterre, mais qu'il avait encore quelque confiance dans les Portugais, quoique, dans le fait, l'Espagne lui en inspirât davantage, à cause de sa mère. Ce n'était pas si mal raisonné, ou il n'était pas si mal conseillé.

ficile et plus dangereux de vouloir la renverser.

On employa donc tous les moyens possibles
pour le déterminer à s'embarquer, soit dans
un des ports des mers du midi, soit dans un
des ports des mers du nord, et enfin en Italie,
si l'Infant le préférait. Mais on reconnaissait
qu'il faudrait à peu près un temps aussi long
que celui qu'on avait déjà calculé. Pour tran-
cher la question, l'Empereur fit valoir, auprès
de l'Infant, l'intérêt qu'il lui portait : « que,
» par des retards, il compromettait gratuite-
» ment son existence personnelle et la tran-
» quillité intérieure du royaume, dont son
» auguste frère venait de lui confier la ré-
» gence, et qu'il ne pouvait, en conscience,
» lui donner qu'un conseil, celui de ne pas
» hésiter un seul instant à s'embarquer sans
» délai, dans un des ports de l'Angleterre
» ou des Pays-Bas ; qu'il devait donc nécessai-
» rement opter entre ces deux pays, comme
» les plus rapprochés du but de son voyage,
» en prenant en considération que s'il passait
» par la France et par l'Angleterre, il ne pour-

» rait point se dispenser de se rendre à Paris
» et à Londres pour y rendre ses hommages à
» S. M. Très-Chrétienne et à S. M. Britanni-
» que ; que, d'un autre côté, en s'embarquant
» dans un des ports du royaume des Pays-Bas,
» il pourrait, il est vrai, se rendre directement
» à Lisbonne, et y arriver plus promptement ;
» mais qu'il perdrait une occasion favorable de
» voir le roi d'Angleterre, de se concilier sa
» bienveillance et de réclamer personnelle-
» ment son appui, que l'empereur D. Pédro,
» son frère, a sollicité dernièrement pour lui
» dans une lettre qu'il a adressée, le 3 juillet,
» à S. M. Britannique (1). »

L'Infant, qui voyait moins dans ces paroles
une invitation qu'un ordre, écouta tranquillement les plénipotentiaires portugais qui les
lui apportaient, leur répondit, sans hésiter,

(1) Comme les intentions du cabinet autrichien se révèlent !.... L'Infant ne passera pas par la France, parce
que c'est la terre classique des constitutions, qui, du reste,
embarrassent son gouvernement ; mais il ira voir le roi
d'Angleterre, dont le cabinet ne marchande pas avec la
liberté des peuples !....

qu'il pesait parfaitement toutes ces considérations, mais qu'elles ne changeaient rien à
sa détermination de ne se rendre à Lisbonne
que sur un vaisseau portugais; que d'ailleurs
il répondait de la tranquillité du pays, et
qu'il se chargeait d'écrire pour cela.

Cette déclaration rendant toute délibéra-
tion ultérieure inutile, le prince de Metternich s'empressa d'aller la porter à l'Empereur, qui se décida alors à parler lui-même à
l'Infant. Comme il n'employa que les mêmes
argumens que ceux qu'il avait fait présenter
déjà, il n'eut pas plus de succès que les plénipotentiaires portugais. Cette persévérance
atteste de reste, il me semble, que l'Infant
suivait un plan bien arrêté.

L'Empereur demanda alors à l'Infant s'il
avait quelque répugnance à s'embarquer sur
un vaisseau anglais. L'Infant, opposant la
ruse à la ruse, répondit que non; « mais qu'il
» avait le sentiment qu'en consentant à s'em-
» barquer sur un vaisseau étranger, il heur-
» terait l'opinion et blesserait d'une manière
» sensible l'amour-propre national; que c'é-

» tait pour cette raison qu'il était décidé à ne
» s'embarquer que sur un vaisseau portugais,
» pour se rendre directement à Lisbonne, sans
» toucher aucun territoire étranger. L'Infant
» ajouta spontanément (ce qui n'était qu'une
» précaution de fourbe) qu'il était également
» très-décidé à maintenir en Portugal la
» Charte qu'il avait jurée ; que Sa Majesté
» pouvait être sans inquiétude à cet égard,
» et qu'il la remerciait de toutes les bontés
» qu'elle avait eues pour lui. »

L'Empereur, n'ayant pu rien obtenir, se retira, et recommanda à M. de Metternich de s'assurer de nouveau si l'Infant était enfin disposé à céder aux conseils de la sagesse et de la raison.

Le prince-ministre, ayant rencontré une constante persévérance, invita le lendemain sir Henri Wellesley à venir se réunir à lui et aux ministres plénipotentiaires, afin de tenter un dernier effort ; car il était bien décidé à employer la violence, si les autres moyens étaient impuissans.

M. de Metternich s'étant trouvé malade,

D. Miguel se rendit chez lui sur l'avertisse-
ment qui lui en fut donné. Il fallut que l'Infant subît encore une fois toutes les considérations d'intérêt personnel, de bien du pays,
d'affection et même d'amitié dont on l'avait
entretenu.

L'Infant n'hésita plus; il s'engagea à partir
dès qu'on le voudrait, et dit qu'on pouvait
ordonner tous les préparatifs.

Chacun se retira satisfait, et le premier
protocole finit là.

Le 19 octobre, l'Infant écrivit à D. Pédro
pour l'informer qu'il s'occupait des moyens
de gouverner le Portugal conformément à la
Charte constitutionnelle. « Tous mes efforts,
» disait-il, tendront au maintien des institu-
» tions qui régissent le Portugal, et à contri-
» buer, autant qu'il sera en mon pouvoir, à
» la conservation de la tranquillité publique
» dans ce pays, en m'opposant à ce qu'elle
» soit troublée PAR DES FACTIONS, QUELLE QUE
» SOIT LEUR ORIGINE, FACTIONS QUI N'AURONT
» JAMAIS MON APPUI. »

Dans ses lettres du même jour, tant au roi

d'Angleterre qu'à l'Infante régente, D. Miguel s'exprimait dans des termes aussi positifs, et disait particulièrement, à cette dernière, qu'il *comprimerait les factions*. On devine ce que signifiait ce mot *factions* dans la bouche d'un prince dont les *sentimens étaient en tout conformes à ceux de Metternich*.

Pendant que se rédigeait le deuxième protocole, le 20 octobre, protocole dans lequel on prononçait la séparation définitive du gouvernement du Brésil d'avec celui de Portugal, et jetait les fondemens de la royauté prochaine de l'Infant, celui-ci était devenu l'objet de caresses particulières et bien plus empressées de la part de la cour de Vienne ; il put même approcher un jour du jeune Napoléon II, qui s'y trouvait. Ce fut dans cette entrevue qu'il eut avec le fils du grand homme un entretien qui est un nouveau témoignage de la froide méchanceté de son cœur.

L'on sait qu'il n'était permis qu'à un très-petit nombre de personnes sûres d'approcher le jeune duc de Reischtadt. D. Miguel l'ayant abordé, lui annonça son prochain départ pour le Portugal, et lui insinua qu'un trône l'attendait. « Un trône! repartit le jeune duc avec vivacité, et d'un air cependant de profond étonnement. — Oui, un trône, reprit D. Miguel. Je suis fatigué de demeurer ici comme un prisonnier de l'Empereur... Mais, à propos d'empereur, savez-vous qui fut votre père, Prince? — Qui? moi! prince!.... répliqua le duc. Je ne suis pas prince; je suis duc...... le duc de Reischtadt..... — Vous duc! dit l'Infant; vous, vous n'êtes pas prince? Mais vous êtes né roi, oui, roi! et il souriait malignement en répétant ce mot. — Moi, roi!..... — Oui, roi! ajouta l'Infant. Je vous le répète : vous ne savez donc pas qui fut votre père? — Mais, mon père fut un capitaine, un militaire; ma mère est fille de l'Empereur..... » D. Miguel fit ici une longue pause; il tenait ses yeux attachés à ceux du duc, étudiait son inquiétude, l'étonnement de ce qu'il venait de lui apprendre, et suivait toutes les émotions frémissantes qu'il venait de faire passer dans son corps et dans son âme, et quand il fut bien assuré qu'il avait porté le trouble dans tous les sens de ce jeune être si sensible, déjà si familiarisé avec la pensée et la méditation, comme s'il eût eu une sorte de révélation de ses malheurs, qu'il ignorait pourtant, et de sa fin prochaine; quand il fut convaincu qu'il avait incendié une âme déjà trop ardente, il continua en ces termes : « Oui, vous êtes prince; oui, vous fûtes roi ! oui, votre berceau fut entouré de couronnes et formé de sceptres brisés...... oui, votre naissance vous avait destiné à recueillir le plus riche héritage de gloire qui jamais se soit trouvé réuni dans la main d'un seul homme..... Cet empereur qui vous retient ici prisonnier, qui vous traite en captif, trois fois fut vaincu par votre père, lui et cette foule de rois qui s'étaient ligués pour l'abattre; trois fois votre père est entré vainqueur dans Vienne : il a commandé dans cette capitale en maître; tout fléchissait devant lui et lui apportait ses hommages; lui, grand quoique victorieux, élevait ses regards au-dessus des flatteries des cours; il pensait à son trône, à son peuple qu'il voulait élever au-dessus de tous les autres peuples. » A mesure que l'Infant parlait, le Duc pâlissait, rougissait ; ses yeux s'ouvraient plus grands, plus brillans ; ses bras s'élevaient par degrés, comme s'il fût grandi, comme s'il fût monté sensiblement à la hauteur de la gloire de son père. « Oui, Duc ! Prince ! Roi ! oui, votre père fut un capitaine, mais un capitaine qui a laissé le monde rempli de sa gloire, de son nom ; qui l'a étonné, surpris par ses conquêtes, soumis par ses victoires, enchaîné, réduit par son génie. Il commandait aux Français, dont il était l'*empereur !*..... il régnait sur eux ; vous deviez lui succéder.......: il s'appelait *Napoléon !*........ — Napoléon !...... les Français !..... mon père...... empereur..... et moi aussi, dit le jeune Duc d'une voix concentrée, en passant rapidement la main sur sa poitrine, et en agitant ensuite ses doigts qui saisirent naturellement son épée ; Napoléon est mon père !...... Qu'est-il devenu ? ajouta-t-il avec une certaine force et l'accent de l'émotion...... Où est-il ?..... — Où il est, Prince !

vous êtes ici, et vous me le demandez !.... Sa grandeur effraya le monde, elle lui pesa !..... l'univers se ligua un jour contre lui, lui suscita des traîtres parmi les siens..... et il fut abattu !..... — Abattu !..... mais où est-il ? — Il fut prisonnier, comme vous l'êtes, puis relégué sur un rocher brûlant, inaccessible, au milieu des mers, des tempêtes, sur une crête aride, où les vents seuls venaient l'entretenir de ce qu'on disait encore de lui..... — Mais nommez-moi donc le lieu ! — A Sainte-Hélène, où il est mort ! — Mort ! s'écria le jeune Duc avec un accent effroyable... Mort ! et ils m'ont caché mon nom ! ma naissance !...» et il s'enfuit en remplissant le palais de ses cris, et sa tête était presque égarée ; et bientôt le malheureux Duc tomba évanoui au milieu des larmes et des convulsions..... D. Miguel le contemplait avec un sourire amer et tranquille, qui indiquait qu'il était content, parce qu'il avait fait du mal à son semblable.

Le 20 octobre on procéda, à Vienne, à un troisième protocole, qui fait connaître que la nomination de D. Miguel, comme lieutenant et comme régent du royaume de Portugal, y avait déjà porté ses fruits. Il apprend que des Portugais, agens secrets de l'Espagne, avaient été envoyés à Vienne pour obtenir accès auprès de l'Infant; qu'on avait tenté d'exciter une insurrection en Portugal, et d'y détruire la Constitution avant l'arrivée de D. Miguel. Cette nouvelle était vraie, car le prince de Metternich en avait été officiellement informé.

Il fut donc résolu, dans cette conférence, que l'Infant écrirait au roi d'Espagne une lettre par laquelle il désapprouverait cette tentative, comme contraire à ses principes et aux vœux de D. Pédro. On espérait couvrir, par cette ruse machiavélique, le vaste projet qui était, depuis long-temps, arrêté contre les constitutions.

La lettre de D. Miguel, sous la date du 21 octobre, n'est, en effet, qu'une véritable jonglerie.

Mais nous arrivons au protocole de la conférence tenue à Londres le 12 janvier 1828. Ici les nuages diplomatiques sont plus transparens, et les desseins du cabinet anglais se montrent un peu plus à découvert. Il ne suffit pas à D. Miguel qu'il ait des titres, il lui faut aussi de l'or; car, comme l'a dit Figaro, *l'or est le nerf de l'intrigue.* L'Angleterre, comme plus intéressée aux succès de D. Miguel, à ce qu'il *n'éprouvât point d'embarras, dans les premiers jours de son avénement à la régence,* l'Angleterre, disons-nous, *consent* à *prêter ses bons offices pour faciliter un emprunt jusqu'à la somme de* 200,000 *liv. sterl.*

On suppose ensuite que D. Miguel aura besoin que ses partisans ne soient point empêchés ni contenus dans leurs desseins par la présence des troupes étrangères, et lord Dudley propose de retirer les troupes anglaises qui sont en Portugal, par la bonne raison *qu'elles ont rempli entièrement le but que les deux gouvernemens se proposaient, lorsque celui du Portugal a réclamé l'envoi de ces troupes en vertu des traités existant entre les deux couronnes.*

D'ailleurs, il fallait bien faire à D. Miguel l'honneur de le laisser agir comme il l'entendrait ; aussi voit-on le comte de Villa-Réal et le marquis de Palmella appuyer de toutes leurs forces cette proposition.

De leur côté, le prince d'Ertérhazy, ambassadeur de S. M. I. et R. Apostolique à cette cour, et le comte de Bombelles, son envoyé extraordinaire et ministre plénipotentiaire à celle de Lisbonne, qui assistent à cette conférence, y applaudissent complètement.

Ces deux personnages, ainsi que lord Dudley, vont encore plus loin ; l'autel de D. Miguel, leur fétiche, n'est encore ni assez large ni assez paré : ils *expriment les vœux de leurs gouvernemens respectifs pour que l'abdication de la couronne de Portugal par S. M. D. PÉDRO IV soit complétée aussitôt que possible et sans restriction.* Ce n'est même qu'à la condition de cette abdication complétée, et de la séparation des royaumes de Portugal et du Brésil, que les deux cours prêteront définitivement leurs bons offices ; qu'elles donneront, *d'accord*, communication de cet arrangement, et qu'elles en obtiendront la reconnaissance.

Ce qu'on vient de voir ne laisse plus aucun doute sur les intentions de D. Pédro et des puissances relativement à D. Miguel; il est clair que tout est arrangé d'avance, qu'il n'y manque plus que la forme, et qu'il est décidé qu'il sera roi; car « les deux cours s'enga-
» gent également à prêter leurs bons offices
» pour régler définitivement, par un traité,
» l'ordre de succession dans LES DEUX BRAN-
» CHES de la maison de Bragance, laquelle
» transaction conclue sera portée à la con-
» naissance des puissances étrangères pour
» être reconnue par elles. »

En face de pareils actes, de déclarations et de conventions semblables, d'un pareil tripotage, on pourrait le dire, on se demande si en vérité D. Miguel n'est pas un peu jus-tifié dans son usurpation; si D. Pédro n'a pas mérité le sort qu'il a eu, et s'il est bien digne aujourd'hui d'un véritable intérêt, d'après la part qu'il a eue à toutes les intrigues contre lesquelles il revendique le droit de se révol-ter? Aujourd'hui défenseur des constitutions, il se liguait hier avec ceux qui ne travaillaient qu'à les détruire, et ouvrait même le chemin du trône au séide le plus dévoué de la tyrannie,

Quel degré de confiance doit-on accorder aussi maintenant aux personnes même qui approchaient D. Miguel de plus près, notamment le comte de Villa-Réal, signataire des protocoles, dont nous venons de parler, qui le décharge de toute hypocrisie? Il est bien difficile de croire que ce ne soit qu'après son arrivée à Londres que D. Miguel ait balancé sur la conduite qu'il devait tenir en Portugal, surtout lorsqu'on connaît l'influence qu'avait exercée sur lui lord Béresford.

Il est de notoriété publique que le lord avait reçu, en récompense des services qu'il avait rendus contre la France, outre des revenus considérables, les biens confisqués et le magnifique palais du comte Éga, qui avait été accusé d'intelligences avec la France et déclaré traître à la patrie. Plus tard le comte se justifia, et on lui rendit tous ses biens, excepté le palais, dont le lord Béresford avait déjà pris possession. Le comte insistait d'autant plus sur cette restitution, que ce palais était un fidéicommis et ne pouvait être confisqué. Le roi avait vainement offert des indemnités, ni le lord ni le comte n'avaient voulu céder. Cependant, comme le premier craignait d'être dépossédé, par une décision de l'autorité, il se ligua avec la reine, et soutint, de tous ses moyens, le projet qu'elle avait formé de porter l'Infant sur le trône.

Voilà comment lord Béresford était devenu l'agent secret de la reine, et avait su attirer lord Wellington dans ses intérêts. Toutefois, le héros de Waterloo céda à quelque chose de plus positif que des beaux discours ; on a dit que ce fut un diamant d'un prix énorme qui acquit à la reine la protection du duc. Il ne paraît pas que, dans le commencement, aucun autre membre du cabinet britannique ait été d'intelligence avec la reine. L'ambassadeur anglais à Lisbonne, et le général Clington, chef des troupes anglaises en Portugal, ne paraissent pas davantage y avoir trempé. Les correspondances, entre le ministre d'état comte Dudley, et l'ambassadeur à Lisbonne, ainsi que la conduite du général, autorisent, dit-on, cette opinion. Ce ne serait que plus tard que les démarches faites par lord Wellington auraient contraint ses collègues à entrer dans le complot.

Il est de fait que les projets de la reine furent merveilleusement servis alors par l'exaspération de l'Angleterre contre D. Pédro; exaspération fondée sur ce qu'il se refusait à ratifier le traité de commerce de 1810, traité qui n'aboutissait à rien moins qu'à livrer à l'Angleterre le monopole exclusif de tout le commerce du Portugal.

L'Angleterre s'était flattée de le renouveler en revanche des sacrifices qu'elle avait faits pour la défense du Portugal.

Trompée dans son espoir, elle tourna toute son attention et tous ses soins du côté de D. Miguel, parce qu'elle supposait qu'elle obtiendrait de lui ce que son frère lui avait refusé. Les flatteries dont elle combla l'Infant ne manquèrent pas de porter leurs fruits (1).

(1) Pour que l'Angleterre retirât aujourd'hui sa pro-

Le moment approchait où l'Infant devait quitter Vienne pour se rendre à Lisbonne. La liberté dont il jouissait faillit lui faire perdre et le trône et la vie.

L'Infant n'avait jamais pu abandonner ses habitudes crapuleuses, ni son goût très-vif pour le vin, car il n'a cessé de s'enivrer très-souvent, et surtout le soir, tant avec ses amis qu'avec ses courtisans intimes.

Avant donc de quitter Vienne, l'Infant voulut y faire sa dernière *bombance* : à cet effet, il réunit des officiers très-subalternes de la cour de l'Empereur, et il fut décidé que, sans bruit, loin de tous domestiques, ils iraient, *incognito*, souper dans la maison de l'un de ces officiers : l'Infant *régalait*. Pour mieux tromper les regards et écarter tout soupçon, il fut convenu que l'Infant assisterait au spectacle, où devait se rendre la cour, et qu'il n'en sortirait que lorsqu'il serait fini.

tection à **D. Miguel** et la reportât sur D. Pédro, ce ne pourrait donc être encore qu'au détriment du Portugal; car, ainsi qu'on l'a dit, son gouvernement ne se demande jamais *si telle chose est juste, mais si elle lui est utile.*

Pendant ce temps-là, les convives devaient faire tout préparer de manière que *toutes les jouissances* se trouvassent réunies. L'Infant arriva à minuit, et se mit à table entre deux courtisanes, qui n'étaient pas, comme on le pense bien, des plus distinguées de la capitale : c'étaient des prostituées prises au coin de la rue, un vrai gibier à palefreniers. Le vin coula à grands flots, et l'ivresse amena bientôt des scènes de la plus dégoûtante débauche. Le jour approchait cependant, et il fallait se séparer..... Alors l'Infant proposa de faire un punch à la française. Un bol est rempli d'eau-de-vie, de sucre ; on y met le feu, et tous les assistans, en état de pure nature, après avoir éteint les lumières, forment une chaîne et répètent autour de la flamme bleuâtre, dont l'extrémité du cône scintille, une scène de la danse des démons, l'une de ces danses qui plaisaient tant au cruel Néron, à Tibère, et qu'imita aussi le débauché Louis XV. Au milieu des sauts, des danses, la table fut renversée ; le punch enflammé coula, par quelques interstices du plancher, sur du foin qui se trouvait au-dessous de la chambre, et dans un instant la maison fut embrasée. Deux de ces misérables filles et l'un des officiers, qu'une ivresse trop profonde empêcha de se sauver, y périrent, et D. Miguel faillit lui-même être victime, car son habit fut fortement endommagé par les flammes.

C'est ainsi que l'Infant justifiait les éloges donnés à sa *bonne conduite*, et qu'il se préparait au trône qu'avait tant illustré Denis, surnommé le *roi laboureur* et le *père des Muses portugaises*. Mais la révolution de 1640, en couronnant la maison de Bragance, n'avait légué au Portugal que des rois despotes, cruels, fainéans ou libertins.

Quelques jours après, D. Miguel s'embarqua pour le Portugal, et arriva à Lisbonne le 22 février 1828. Quelques flatteurs et la *Gazette* ont osé dire qu'il y avait été reçu à bras ouverts, avec enthousiasme, par tous les partis; mais la vérité est que, dès le premier coup de canon qui annonça son entrée, chacun rentra dans sa maison et s'y enferma.

Il est faux que la nation se soit flattée de l'espérance d'un meilleur avenir, et qu'il se fût opéré aucun changement dans l'extérieur de l'Infant.

En eût-il, au reste, été ainsi, tous les esprits eussent été bientôt désenchantés, car il avait à peine mis le pied sur le sol du Portugal, que plusieurs de ses partisans le saluèrent du titre de Roi.

Il faut cependant le dire : d'un côté, on n'y faisait point attention ; de l'autre, on n'y voyait qu'une tentative, sans conséquence, de la part du parti apostolique.

Néanmoins on sortit bientôt de son erreur. Le troisième jour de son arrivée, l'Infant assista à un TE DEUM solennel dans la cathédrale. La moitié de la population se porta dans les rues pour voir le cortége ; mais l'on tomba bientôt dans la plus grande tristesse et dans le plus profond abattement, lorsque l'on vit des enfans et la populace entourer la voiture de l'Infant et crier, à plusieurs reprises : VIVE D. MIGUEL Ier, NOTRE ROI ABSOLU ! et lorsque l'on aperçut même les serviteurs du prince agiter leurs chapeaux et répéter les mêmes cris. La police resta impassible, et D. Miguel sourit à l'entrée de l'église, où la foule se pressa pour lui baiser la main. Le cardinal-patriarche, frère Patrice, ancien moine, homme grand et maigre, qui tenait à le recevoir avec toute la pompe ecclésiastique, dans l'empressement qu'il y mit, renversa l'eau bénite par terre, perdit un soulier, et cria à tue-tête : « Au secours! » Le hasard voulut que non-seulement je lui fisse retrouver son soulier, mais encore que je le garantisse assez de la presse pour qu'il pût parvenir jusqu'à l'autel.

Après la cérémonie, le tumulte recommença, et ce ne fut qu'avec peine que l'on parvint à faire évacuer le peuple de l'église jusqu'à la voiture du prince. Dans ce moment, trois courriers du ministère et un lieutenant en retraite, le major Geraldo de Oliveira, homme de mauvaise conduite, suivi de deux domestiques de D. Miguel, marchaient devant la voiture en poussant le cri, auquel personne ne répondit, la populace payée n'ayant pu pénétrer jusqu'à l'église.

L'Infant se hâta de monter en voiture et offrit à l'Infante la première place, qu'elle refusa, et le cortége se dirigea vers le palais d'Ajuda, que la reine avait occupé après l'arrivée de son fils, afin de l'avoir constamment sous ses yeux, et d'éloigner ceux qu'elle croyait opposés à ses intentions.

L'Infant était si furieux de l'échec qu'il venait d'essuyer, de n'avoir pas même vu un soldat répéter le cri qu'il avait donné pour mot d'ordre, qu'en rentrant dans le palais il exhala sa colère et s'écria, en frappant sur une table : *Je n'entrerai peut-être pas dans le catalogue des rois; mais j'entrerai du moins dans le catalogue des tyrans.*

L'Infant ne se soumit que trop à la direction de sa mère, et les représentations de l'Infante régente, qui souvent même l'avait supplié de rester fidèle à ses sermens, ainsi que les prières de sa vénérable tante, n'avaient aucun pouvoir sur lui.

L'Infante était une femme extrêmement respectable et excellente, qui avait fondé une maison pour les militaires invalides, et dont toutes les paroles étaient des conseils de paix, d'honneur et d'humanité.

Il se lassa bientôt de cette surveillance continuelle qui s'étendait jusqu'aux moindres choses, et dès qu'il crut n'avoir plus besoin de sa mère, il s'en sépara et alla habiter le palais des *Necessidades*, afin de pouvoir se livrer entièrement à toutes ses fantaisies ; ce qui cependant avait l'inconvénient de diviser la cour en deux camps ennemis.

Sir Frédéric Lamb, qui informe le comte Dudley de l'entrée de D. Miguel en Portugal, et de ce qui s'y est passé jusqu'au 22 mars, dit : «Par sa conduite subséquente, D. Miguel » a perdu totalement la confiance des Portu- » gais. Le souvenir de sa conduite antérieure » s'est tout-à-coup réveillé, et l'on y voit le » présage d'un funeste avenir ; malgré tous les » efforts que l'on a faits, on n'a pu parvenir » à déterminer le pays à le déclarer roi de » Portugal. »

Lamb, qui était de bonne foi, et qui n'é- tait nullement dans le secret de son gouver- nement, écrivait ce qu'il voyait ; le peuple et l'armée, selon son opinion, se réunissaient aux droits de D. Pédro; car les mesures adoptées par D. Miguel, c'est-à-dire la dissolution de la Chambre des députés, le 13 mars, et la remise indéfinie des nouvelles élections, avaient produit une alarme générale, et trouvé déjà une résistance tacite à leur exécution.

Toutefois, les intrigues et les provocations n'en allaient pas moins leur train; les cris : *Vive le roi absolu!* n'avaient été jusque là ni *réprimés ni punis*. Les réfugiés portugais en Espagne répandaient des proclamations qui se terminaient par Vive D. Miguel Iᵉʳ, s'il s'en montre digne, et invitaient à soutenir ses droits. On travaillait les municipalités pour les amener à se déclarer en sa faveur, tandis que D. Miguel se refusait à réaliser la promesse qu'il avait faite à Vienne *de faire connaître ses sentimens par une proclamation.* Les officiers supérieurs des corps sont destitués et remplacés par d'autres connus par leur dévoûment à sa personne. On s'occupe de l'épuration de l'armée, et

l'on appelle les adhérens du marquis de Chavès ; enfin, le Régent exprime le désir que l'em-
barquement des troupes anglaises soit dif-
féré jusqu'à ce que *son projet soit consommé,*
et tous les gouverneurs des provinces *qui*
ont résisté à l'invasion des rebelles reçoivent
leur démission. Qu'on nous permette un instant de revenir sur nos pas.

La séparation de D. Miguel d'avec sa mère
fut précédée de plusieurs événemens qui pré-
paraient l'usurpation de la couronne, et que,
pour cette raison, nous ne pouvons passer
sous silence.

L'Infant ne pouvait commencer ses fonctions de régent, qu'après les avoir prélimi-
nairement reçues publiquement de la régente, en présence des deux Chambres, et
prêté serment de fidélité à D. Pédro IV et à
dona Maria II. On avait fixé que cette solennité
aurait lieu le 26 février, dans l'une des plus
grandes salles du palais d'Ajuda. L'Infant et
la régente étaient assis sous un dais magnifique. On avait assigné, pour le connétable et
les pairs du royaume, les places de la droite,

et celles de la gauche pour les membres de la seconde Chambre. Les dames de la plus haute noblesse étaient debout derrière les pairs ; derrière les membres de la seconde Chambre étaient les ambassadeurs et plusieurs officiers anglais, aussi debout; en bas, en face du trône, les personnes de première qualité.

La régente ouvrit la solennité par un discours qui fut généralement écouté. L'Infant se leva ensuite, posa la main sur une Bible présentée par le cardinal-patriarche, et prêta le serment; mais on ne voyait que le mouvement de ses lèvres ; les personnes placées le plus près n'entendirent pas qu'il articulât un seul mot, et l'on se communiqua immédiatement, tout bas, ses soupçons (1). Cependant l'acte était consommé, et la joie en fut générale. Les craintes auxquelles on s'était livré, il y avait un instant, disparurent, et la nation espérait, désormais, avec confiance, que ce

____

(1) Ceci rappelle un peu le serment qui fut prêté entre le roi de Tidor et Correa, l'un des officiers de Jean III : le premier jurait sur l'Evangile, et l'autre sur un livre de chansons.

serment maintiendrait l'Infant dans la voie constitutionnelle (1).

L'on se portait, chaque soir, par centaines vers le palais, pour rendre ses hommages à l'Infant ; mais, dans le nombre, il y en eut qui l'abordèrent secrètement, comme roi, et qui en furent reçus avec bienveillance. L'illusion

(1) Les politiques éclairés n'y ajoutaient aucune foi : ils connaissaient trop bien le système et la conduite du cabinet anglais. Ils se disaient : Ceux qui ont aidé à enlever le Brésil à Jean VI n'éprouveront pas de scrupule à enlever le Portugal à D. Pédro ou à dona Maria. D'ailleurs, Canning, d'accord avec sir W. A'Court, a établi que D. Pédro devait abdiquer en faveur de l'Infant, et ce dernier n'a été envoyé en Portugal que pour y mettre en pratique les instructions qu'il avait reçues de sir W. A'Court. Cela résultait évidemment, pour eux, de ce que D. Miguel violait toutes ses promesses ; de ce que le gouvernement anglais reconnaissait *roi de fait* celui qu'il nommait usurpateur ; qu'il négociait ouvertement et secrètement avec lui ; qu'il ne l'entravait dans aucun des actes de sa tyrannie ; qu'il faisait tirer le canon sur les sujets fidèles de la reine légitime, et tolérait même les insultes que l'Infant faisait à l'intervention que l'Angleterre avait exercée dans l'intrigue de son retour en Portugal. Cela était, dans le fait, assez clair.

se perdit de plus en plus ; des attroupemens de populace, auxquels se joignaient les domestiques même de l'Infant et de la reine, se rassemblaient le soir sous les voûtes du palais, et criaient : *Vive D. Miguel Ier, notre roi absolu !* Ces cris pénétraient jusque dans les salons, sans qu'on s'occupât de les réprimer. Ce fut surtout dans la soirée où l'Académie des Sciences parut devant le Régent, que son vice-secrétaire, l'un des plus zélés partisans de l'usurpation, adressa à D. Miguel, en présence de plusieurs centaines de personnes de la plus haute qualité, un discours qui respirait la plus basse flatterie. Les voûtes du palais étaient, comme à l'ordinaire, remplies d'une populace qui, à la vérité, laissa passer, sans rien dire, les personnes qui se rendaient auprès de l'Infant ; mais, quand elles s'en retournèrent, elle insulta et força, par des menaces et par de mauvais traitemens, toutes celles qui lui étaient désignées comme amies de la Constitution, à crier : *Vive le roi D. Miguel* (1) !

(1) Il faut entendre, par cette populace, des déserteurs enrégimentés par D. Miguel, et des ouvriers du

Le principal instigateur, le chef de cette cohorte stipendiée, était un certain *Pontes*, colonel, mais véritable Protée, agissant tantôt pour, tantôt contre la Constitution, selon qu'il y trouvait son intérêt.

On maltraita surtout, à cette occasion, le cardinal-patriarche que la reine haïssait amèrement pour avoir refusé de marier l'infante dona Anna avec le marquis de Loullé. L'évêque d'Elvas fut traité de la même manière, parce que non-seulement il avait présidé la Chambre des députés, mais parce qu'il était un homme très-savant et très-libéral. Le gouverneur militaire de Lisbonne, lieutenant-général de Caula, qui avait étouffé, à Elvas, le mouvement qui s'y était organisé en faveur de l'Infant, eut les carreaux de sa voiture brisés, et lui-même fut poursuivi à coups de pierres; le comte da Cunha reçut des coups de bâton. J'ai été témoin, le même soir, des coups de mouchoir que le prince de Schwartzemberg reçut dans la figure et sur son schapalais. Pas un de ceux qui composaient la populace de la ville ne s'y associa.

kot, pour le forcer à crier avec le peuple. C'était pourtant le même Schwartzemberg qui avait vécu, à Vienne, sur un pied fort amical avec D. Miguel, et qui ne put arriver jusqu'à lui qu'après avoir fait antichambre pendant deux heures. L'ambassadeur Lamb reçut aussi des coups de pierres, et l'on se demande pourquoi satisfaction de toutes ces insultes n'a pas été demandée? Il y avait donc assentiment de la part des puissances? Ou, encore, les puissances étrangères voulaient donc faire croire qu'elles n'adhéraient à rien en n'y intervenant pas?

Tout cela se passa auprès de l'Infant, auquel on en fit constamment des rapports; mais ni la police, ni les *gardes militaires* (1),

(1) Celui qui commandait la garde, ce jour-là, était le capitaine Silveiro, du 19ᵉ régiment d'infanterie, homme d'une grande probité, d'une grande bravoure, et très-constitutionnel. Scandalisé de ces cris et des exemples de cette multitude, qui pouvaient provoquer l'insubordination parmi ses soldats, il résolut de la disperser, et s'adressa, à cet effet, au chambellan de semaine, qui répondit que le prince était trop occupé. M. Silveiro insista sur un ordre quelconque ; on lui répondit de ménager, de laisser faire, et de ne surveiller que ses soldats.

11.

qui étaient présens, ne firent cesser de pareils excès. Tout le monde fut forcé de reconnaître que cette *canaille* n'agissait que d'après des ordres supérieurs.

Le lendemain, plusieurs membres des Chambres dénoncèrent les outrages dont ils avaient été l'objet, et en demandèrent satisfaction au ministère; mais on n'y répondit que par un décret de dissolution (1).

Cette nouvelle répandit la terreur et le deuil dans tout le pays; l'apparence de légalité, néanmoins, qui couvrait cette mesure; le nom de D. Pédro même, qui sanctionnait le décret; enfin, l'absence totale d'énergie et d'union de la part des constitutionnels, empêchèrent toute réaction. Cet acte fut bientôt suivi de plusieurs autres.

Des personnes, tant civiles que militaires, connues pour leur attachement à la Consti-

. (1) Le principal motif de cette dissolution fut le compte que demandaient les Cortès, de ces insultes et de ces cris; si le gouvernement les autorisait; comment il le pouvait faire; et surtout parce qu'ils exigeaient le dépôt, aux archives, du serment autographe que D. Miguel avait prêté.

tution, furent remplacées, dans les emplois importans qu'elles occupaient, par des partisans de l'Infant, et cette mesure fut étendue, plus tard, aux employés subalternes. Une canaille soudoyée parcourait les rues et insultait les gens les plus distingués.

Dans les maisons des orphelins, on apprit, aux enfans, des chansons dont le contenu était le retour du roi absolu D. Miguel (1). On les envoyait, avec des tambours, des fifres, des drapeaux et des fusils de bois, parcourir les rues, dans lesquelles ils demandaient de l'argent aux passans. Ceux qui ne donnaient rien étaient maltraités, et ceux qui s'y opposaient étaient conduits au corps-de-garde par la police (2).

(1) Le langage le plus violent, dirigé contre les libéraux, était permis aux journaux, employé en chaire et dans les adresses envoyées à D. MIGUEL par les villes.

(12 avril. LAMB.)

(2) Nous pouvons affirmer que jusque là le *peuple* ne s'était nullement mêlé à cette hideuse intrigue. M. T.....o, homme qui ne s'occupait que de constater chaque jour, et à chaque instant, l'état de l'esprit public, a vu que le *peuple* désirait, au contraire, que quelqu'un se mît à sa tête, et la Constitution eût été sauvée.

A la même époque, la musique des régimens joua l'air constitutionnel, qui fut généralement applaudi. Un seul individu ayant
voulu protester contre, en criant : *Vive
D. Miguel, roi absolu!* un Portugais, qui se
trouvait à côté de lui, lui appliqua un vigou-
reux soufflet, en disant : « Le roi est D. Pédro :
vive le roi! vive la Charte! » Il fut arrêté par
quelques hommes de la cavalerie de ligne,
conduit devant le juge du quartier, et mis en
liberté quelques instans après.

Ceux qui avaient le plus à souffrir étaient
les libéraux, car c'était particulièrement leurs
demeures qui étaient désignées aux chan-
teurs; ils allaient s'y installer, et ceux qui ne
les payaient pas très-largement, virent leurs
fenêtres brisées en plein jour. On arrachait
aux dames, dans la rue, les rubans, les châ-
les bleu-clair qu'elles portaient (c'était la couleur de la Constitution), et l'on poursuivait
de l'ironie et du sarcasme, jusque dans les
bras de leurs mères, les enfans auxquels la
nature avait donné des yeux de cette couleur.

La garde nationale, composée de plusieurs

milliers d'hommes entièrement dévoués à la Constitution, fut dissoute et remplacée par un corps de volontaires royalistes qui fut divisé en deux parties : en *volontaires royalistes* et en *gardes urbaines.* Les premiers (jeunes gens sans mérite et sans mœurs) étaient destinés à faire la garde du palais et à accompagner le roi dans la campagne ; les autres (employés), à maintenir, concurremment avec la garde de police, la tranquillité de la ville. D'autres villes organisèrent des corps semblables, à l'instar de la capitale, et c'est ainsi que se forma une force armée considérable, sur laquelle D. Miguel pouvait compter aveuglément.

L'explosion de la révolution à Porto fut le signal de l'emprisonnement, de l'émigration, de poursuites de plusieurs milliers de Portugais. Partout, et notamment dans les provinces, toutes les passions se déchaînèrent, et tous les liens de l'ordre public furent rompus. Aucun débiteur ne payait ; toutes les professions furent spontanément suspendues ; les prisons étaient encombrées ; l'effroi et la misère étaient partout (1). Les volontaires royalistes, armés de gros bâtons, surtout le soir, où il y a le plus de monde dehors, parcouraient les rues, environnaient les gens réunis, les abordaient brusquement et les forçaient à leur dire de quoi ils s'entretenaient. Ils se glissaient également partout, déguisés de mille manières, et épiaient chaque mot. Se taire ou parler était également dangereux.

Ces volontaires s'introduisaient dans tous les cafés, d'où ils entraînaient leurs victimes dans les prisons ; si on leur opposait de la résistance, tout ce qui était présent était emmené.

Il n'était pas rare de voir se renouveler ces époques de terreurs qui duraient trois ou quatre semaines, pendant lesquelles chacun gardait sa maison autant que possible.

Au milieu de la stupeur, des calamités et

(1) A la fin de l'année 1830, les propriétés de cinquante mille familles étaient confisquées, et soixante mille personnes s'étaient expatriées ou languissaient dans les prisons.

de la douleur que l'Infant répandait autour
de lui, aux insultes qu'il faisait prodiguer
aux citoyens, il joignait les outrages au beau
sexe. Ce n'était jamais aux dames de sa cour
qu'il offrait l'hommage de son amour, mais
à ces êtres que la société repousse, tant par
leur condition que par leurs mauvaises
mœurs.

D. Miguel aperçut un jour, des fenêtres du
palais de Notre-Dame-de-Ajuda, qu'il habitait,
une femme qui chantait l'une des chansons
dont nous venons de parler, en s'accompa-
gnant de sa guitare, au milieu d'un groupe
de soldats de la police.

Aussitôt il ordonne à l'un de ses officiers
d'aller la chercher, car il est curieux de voir
de quelle manière il inspire les poètes et s'ils
sont *bons citoyens*.

La chanteuse est à peine introduite, que
D. Miguel fait faire cercle autour d'elle et lui
ordonne de commencer. La malheureuse était
tremblante, elle craignait pour sa liberté;
D. Miguel prie les dames de la rassurer; enfin elle chanta des couplets qui respiraient la

haine la plus prononcée contre la Constitution, les éloges les plus bas pour le prince, et les vœux les plus exagérés pour qu'il fût proclamé roi. D. Miguel applaudissait à chaque couplet, et chacun faisait écho.

Lorsque la chanteuse eut fini, il la prit par la main, la conduisit dans son appartement, laissant toute la cour stupéfaite d'une pareille insulte aux dames.

Il ne reparut au cercle que le soir, après qu'il eut congédié la chanteuse.

Le 25 avril il y eut des rassemblemens tumultueux de la populace qui proclama D. Miguel roi. Attendu que, dans le courant de ce mois, les municipalités de plusieurs petites villes avaient déjà reconnu D. Miguel comme roi, le président du Sénat de Lisbonne crut pouvoir suivre cet exemple.

« Ayant réuni les sénateurs pour dresser » l'acte à cet effet, il engagea l'assemblée à » y substituer une adresse à *Son Altesse* » *Royale*, dans laquelle on suppliait l'Infant » de prendre la couronne. »

Une députation lui porta cette adresse, et,

comme elle lui baisa la main, on jugea que c'était en qualité de roi.

On fit cependant dissiper les rassemble- mens par un escadron de cavalerie.

Le 26, au matin, D. Miguel répondit à l'a- dresse du Sénat municipal, et l'on remarque, dans cette réponse, qu'il qualifiait « de fidé- » lité envers sa personne, la rébellion contre » D. Pédro, et qu'il déclarait nettement son » intention de satisfaire aux désirs du Sénat, » mais par des moyens dont Son Altesse se » réservait le choix. »

Cette réponse, au lieu de porter comme les autres actes : *avec la signature de Son Altesse Royale l'Infant*, portait : *avec la signature royale.*

Nous ferons remarquer ici que l'acte d'ab- dication définitive de D. Pédro IV, en faveur de dona Maria II, et portant *renonciation à toute prétention et à tout droit quelconque à la couronne portugaise et ses dépendances*, est du 3 mars 1828.

Aussitôt que la ville fut informée de la con- duite du Sénat municipal, elle tomba dans la

douleur et l'abattement. Ce même jour
du 26 étant fixé pour la reconnaissance de
D. Miguel, le drapeau de la ville fut arboré
aux fenêtres de l'Hôtel-de-Ville, et le cri :
Vive D. Miguel Ier, notre roi absolu ! fut
répété trois fois. Cinquante personnes, environ, de la classe du peuple la plus basse,
parmi lesquelles il faut compter encore des
domestiques, des magistrats et quelques officiers retraités, revêtus de leur uniforme tout
râpé, se mêlaient à ces cris, sous la protection
de quelques soldats apostés sous ces mêmes
fenêtres.

Le hasard me conduisit justement tout près
du lieu, et, comme tous ceux qui voulaient
éviter d'être maltraités, je fus forcé d'agiter
mon chapeau et de me joindre à ces cris.

Cette bande, escortée de cavalerie, commença bientôt à parcourir les rues et à proclamer partout le roi absolu. Elle força des
cavaliers à descendre de cheval, les dames à
descendre de leurs voitures ; tous ceux qu'elle
rencontra furent forcés de reconnaître D. Miguel Ier. Toutes les maisons étaient cepen-

dant fermées; personne ne se montrait aux fenêtres : tous les gens de bien évitaient cette bande ivre.

Pendant que ces choses se passaient, on rédigea, à l'Hôtel-de-Ville même, une adresse à D. Miguel, par laquelle on le priait d'accepter la dignité royale, adresse qui ne fut pas signée seulement par ses courtisans, mais aussi par des domestiques, des magistrats, par une canaille soudoyée, des femmes publiques, et beaucoup de gens qui y avaient été contraints par la peur et par des menaces (1). Quiconque s'y refusa fut jeté au cachot, et pouvait se tenir pour heureux s'il ne lui était point infligé de plus mauvais traitemens.

Le peuple se laissa garotter et jeter dans les fers, sans songer à opposer la moindre résistance. Tout le monde était frappé de stupeur; la défiance était générale; chacun ne s'occupait que de son propre salut.

Au mois de mai, l'esprit public se réveilla

(1) Sir Frédérick Lamb dit qu'on trouvait sur ces listes les noms de véritables patriotes qui ne les avaient signées que par peur ou par prudence.

enfin, et ce fut à Porto que huit régimens, auxquels s'associa le pays, jusqu'aux bords du Mondego, se déclarèrent pour D. Pédro et la Constitution qu'il avait donnée.

Cette nouvelle jeta dans la consternation la faction régnante, et si la régence, qui agissait au nom de D. Pédro, eût laissé les troupes marcher immédiatement sur Lisbonne, il n'est pas douteux que le gouvernement usurpateur n'eût été renversé. Mais il n'en fut rien, car les chefs des régimens qui formèrent la junte militaire n'étaient pas d'accord entre eux, et il ne se trouva pas un homme doué d'assez d'énergie et assez éclairé pour en appeler à la confiance générale et se mettre à la tête de l'entreprise. Le temps donc pendant lequel on pouvait vaincre sans coup-férir, fut perdu, et D. Miguel, qui en profitait pour gagner les troupes de Lisbonne par de brillantes promesses, fut sauvé.

Les soi-disant insurgés s'avancèrent enfin jusqu'à Coïmbre, où un corps armé de huit cents étudians, et plusieurs régimens, dont l'exemple eût entraîné d'autres troupes, si on eût continué sa marche, se joignit à eux. Mais, intimidé, tant par les proclamations de D. Miguel, que par les fausses nouvelles qu'il avait soin de faire répandre, on n'osa pas aller en avant. D. Miguel ne pouvait cependant guère réunir que huit mille hommes, au nombre desquels se trouvaient des régimens entiers, notamment le 4ᵉ (1) et le 13ᵉ de ligne, qui avaient résolu de passer aux insurgés.

L'enthousiasme des troupes royales ne fut maintenu, pendant sa marche sur Coïmbre, qu'à l'aide de liqueurs fortes, ce qui détruisit toute subordination.

Je rencontrai moi-même, aux environs de Villa-Franca, un de ces régimens qui marchait en désordre, comme des gens ivres, proférant des cris, et ne tenant aucun compte des commandemens de ses officiers.

Quoique revêtu de l'uniforme d'officier supérieur et suivi d'une ordonnance, je fus jeté, tantôt à droite, tantôt à gauche ; je fus menacé de la baïonnette, et forcé de crier

(1) Ce 4ᵉ régiment s'est insurgé, à son tour, en 1831.

avec eux. J'eusse sans doute eu davantage à souffrir, si un officier du régiment, que je connaissais, ne se fût placé à côté de moi.

Je rencontrai, bientôt après, le 4ᵉ régiment qui marchait en ordre et dans un morne silence. Je pus lire l'abattement dans tous les regards, et la disposition qu'éprouvait ce régiment pour les insurgés avec lesquels, l'année d'auparavant, il avait refoulé en Espagne les partisans de D. Miguel.

Quelque temps après il y eut, aux environs de Coïmbre, des escarmouches assez insignifiantes que l'on annonça, à Lisbonne, comme des batailles gagnées.

La question n'en restait pas moins toujours indécise; le peuple était bien décidé à secouer le joug, et le succès ne lui paraissait pas douteux. Les insurgés se retirèrent au-delà du Vouga. Là, c'est-à-dire à Cruz-de-Muroços, il se livra une bataille très-acharnée, où les constitutionnels eurent enfin le dessus, et d'où les troupes de D. Miguel se retirèrent dans un grand désordre sur la route de Lisbonne.

Le lendemain, les troupes demandèrent à leur général Seraiva de les conduire à l'ennemi ; mais, soit qu'il fût d'intelligence avec la junte, ce qu'on a pensé, soit qu'il n'osât se rendre à cette invitation, il s'y refusa. Les troupes se fâchèrent, voulurent lui retirer le commandement et le confier à M. Sa, l'un des militaires les plus braves et les plus distingués de l'armée (1).

Cette intention n'ayant pas eu de suite, le général Seraiva ordonna la retraite sur Coimbre, et passa le Mondego.

Cette nouvelle fut un coup de foudre pour les honnêtes gens, et détruisit toute espérance.

L'armée de D. Miguel continua de marcher en avant. Partout où elle parut elle répandit la terreur et y porta la misère.

Les insurgés furent forcés de se retirer,

(1) L'honneur et la bravoure semblent innés dans la famille Sa. J'ai connu l'un d'eux à Paris, jeune homme plein de talent et d'amour pour les sciences, qui eut un duel, dans lequel je lui servis de témoin, et qui allia la générosité au sang-froid le plus extraordinaire.

abandonnant successivement les positions fortes qu'ils savaient occuper ; ce qui atteste qu'ils étaient plus forts que les troupes miguélistes, et que la trahison jouait son rôle. Ils s'arrêtèrent quelque temps sur les hauteurs, en face du Porto, plaçant le Douero sur leurs derrières.

Nous ne devons pas omettre de parler d'une seconde bataille, qui fut livrée près de la rivière Voga, non loin du pont de Marnel, et qui fut tellement sanglante, tellement acharnée, que, malgré la disproportion des forces, il n'en a pas été livré une aussi terrible pendant toute la guerre de la Péninsule.

La vérité ne permet pas de laisser croire que les constitutionnels aient manqué de courage, et d'opposer la résistance qui était en leur pouvoir.

Les troupes de D. Miguel furent repoussées sur tous les points, et cependant le général qui commandait les troupes insurgées se retira..... On demande si, battu, il eût marché en avant.

Au moment où les insurgés campaient sur

les hauteurs d'Oporto, les généraux Saldanha, Villa-Flor, Stubs et d'autres officiers supérieurs, accompagnés du marquis de Palmella, qui avait été nommé chef de la régence, arrivaient d'Angleterre où ils s'étaient réfugiés.

Les premiers se mirent immédiatement à la tête des troupes.

Quelques écrivains, mal informés ou complaisans, ont prétendu que le moment favorable était passé, et que le courage et la confiance s'étaient éteints. On se retira, disent-ils, au Porto, et tout fut fini ; selon eux, cette malheureuse ville, si opulente, était menacée d'être détruite ; les généraux, à peine arrivés, et dissidens entre eux, ce qu'en effet nous ne contestons pas, se rembarquèrent avec les membres de la régence sur les mêmes vaisseaux qui les avaient amenés, et les troupes *découragées*, acceptant l'amnistie qu'on leur avait offerte, se dispersèrent. Nous qui écrivons sans partialité et sans passion, qui nous contentons d'exposer les faits et d'en tirer les conséquences naturelles qui se présentent d'elles-mêmes, nous demanderons comment il pouvait se faire que les troupes fussent *découragées*, puisqu'elles avaient été victorieuses dans tous les combats? Loin d'être découragées, en effet, elles n'attendaient, au contraire, que le moment de combattre de nouveau, sûres de victoires nouvelles, car elles avaient la plus grande confiance dans leurs nouveaux généraux.

Si donc la retraite fut continuée jusqu'au Porto, ce ne fut que par obéissance aux chefs; mais les soldats eussent marché avec plus de plaisir et plus volontiers à l'ennemi.

La junte s'étant dissoute d'elle-même, le général proposa à un conseil d'officiers de passer en Espagne. Ces derniers répondirent qu'ils préféreraient mourir mille fois.

Le général demanda acte de leur refus; on le lui donna. Aussitôt il prit son bonnet de police, laissa son chapeau, comme s'il eût dû revenir, et se retira à bord du même bâtiment qui l'avait amené.

L'histoire donnera plus tard la portion de blame et d'éloges qu'elle doit à la conduite de ce général, et rappellera alors tristement les *Fernando Rodrigues Pacheco*, les *Martim de Freitas*, et les champs d'*Ourique* et de *Bussaco*.

Celui qui lui succéda se vit toujours secondé par le courage des troupes, qui ne furent alors conduites en Espagne que malgré elles, mais qui obéirent par respect pour la discipline.

Cette triste défection fit passer en Espagne plus de quinze mille hommes, parmi lesquels se trouvaient le 18ᵉ régiment, les volontaires de D. Pédro et deux ou trois étudians brésiliens. Il y eut plusieurs de ces régimens qui se révoltèrent contre leurs chefs, et qui, pour cela, furent désarmés aussitôt qu'ils eurent touché le sol de l'Espagne.

Plusieurs d'entre eux furent envoyés plus tard en Angleterre sur des vaisseaux anglais.

Les événemens du Porto, des mouvemens dans les *Algarves*, province conquise sur les Maures par le vaillant D. Alphonse III, et une conspiration découverte à Lisbonne même, décidèrent D. Miguel à intimider la nation, dont il ne pouvait méconnaître les véritables intentions, par des exemples capables de l'effrayer.

Les premières victimes qu'il frappa furent des étudians, au nombre de neuf. L'action pour laquelle ils furent punis était en effet horrible, mais tous n'étaient pas également coupables.

Aucun d'eux n'avoua le crime; aucun d'eux ne fut *convaincu de l'avoir commis*. Ils déclarèrent tous, au contraire, que d'autres étudians, qui avaient été assez heureux pour se sauver, étaient les seuls coupables.

La peine de mort qu'ils subirent était ici d'autant plus exorbitante que, dans tous les temps, elle avait été rarement appliquée en Portugal : des meurtriers, des individus même convaincus d'assassinat, furent souvent graciés ou relégués en Afrique, et quelquefois dispensés de toute peine, ou par des protections, ou par des sacrifices d'argent. Il était réservé à cette époque de faire couler le sang sans pitié et sans respect pour le passé.

A cette occasion, nous donnerons pour

preuve l'anecdote suivante : pendant la campagne de 1808, un officier d'artillerie avait un domestique qui avait déjà tué sept hommes et que j'empêchai de commettre un huitième assassinat. Son maître avait une maîtresse dont il avait eu un enfant qu'il lui ordonna d'aller tuer dans une forêt voisine du lieu où il était, parce que cet enfant devenait un fardeau pour lui.

J'en fus instruit par hasard ; je me mis en hâte à la poursuite du meurtrier, et je fus assez heureux pour sauver l'enfant et le rendre à sa mère désespérée.

Un autre individu, que j'ai aussi connu, fut condamné, pour plusieurs assassinats, à être pendu au Porto ; mais, peu de temps avant le jour fixé pour l'exécution, il fut mis en liberté par le juge criminel, le sanguinaire comte de Bastos, actuellement ministre, et qui avait été gagné au prix de 20,000 crusades.

Voici comment l'horrible forfait imputé aux étudians fut consommé : le sénat académique de Coimbre avait député à Lisbonne quatre de ses professeurs pour présenter ses hommages à D. Miguel, dont les intentions de se faire proclamer roi n'étaient plus douteuses.

Ces quatre professeurs étaient sortis de Coimbre, dans des voitures, dès la pointe du jour. Ils avaient à peine fait quelques lieues, lorsqu'ils furent tout-à-coup attaqués, dans un lieu isolé, par treize hommes armés qui étaient masqués. Les conducteurs furent arrachés de leurs chevaux et liés; les professeurs furent conduits, de la grande route, au milieu du bois, où il leur fut annoncé que leur dernière heure avait sonné. Ces malheureux demandèrent la vie à genoux, mais leurs prières et leurs plaintes furent inutiles. Celui des professeurs que les étudians détestaient le plus, à cause de sa sévérité dans les examens, fut forcé le premier de se mettre à genoux, et il tomba frappé d'une balle. Le deuxième n'étant pas tombé sous le coup, il fut frappé de coups de couteau jusqu'à ce qu'il ne donnât plus signe de vie. Le troisième, le professeur Nevas, directeur du jardin botanique à

Coimbre, avec lequel j'ai eu des liaisons d'amitié, fit balancer ses assassins : malgré les masques, il avait reconnu l'un des étudians, qu'il avait souvent reçu amicalement dans sa maison ; il s'adressa donc à lui en le priant de lui sauver la vie, et en lui rappelant sa nombreuse famille. Celui-ci, dont le cœur fut ému d'un sentiment plus humain, conjura ses amis de l'épargner, et son intercession eût vraisemblablement été inutile si, dans le même moment, l'on n'eût entendu des cris qui partaient de la grande route, et qui forcèrent les meurtriers à prendre la fuite.

Le hasard, ou plutôt la Providence, avait dirigé de ce côté le nouveau gouverneur du Porto (1), qui se rendait à son poste, escorté d'une nombreuse suite.

Les conducteurs garottés crièrent au secours ; ceux qui les gardaient s'enfuirent, et les deux professeurs furent sauvés.

Au bout de quelques heures, plusieurs des

______

(1) Augustino Luiz.

meurtriers furent arrêtés et envoyés, ainsi que ceux dont on se saisit plus tard, à Lisbonne, où ils furent tous condamnés à la potence.

Plusieurs d'entre eux étaient les enfans de parens riches et considérables, qui offrirent de tout sacrifier pour les sauver. Ils avaient acheté, à force d'argent, le pardon des parens des assassinés, et, dans des cas semblables, jamais la peine de mort n'avait été prononcée ni consommée. Mais tout fut vain, même les prières de l'ex-régente, qui intercéda en faveur du fils du *capitaô-mor* de Cintra, qui avait souvent traité la famille royale. « Il faut qu'ils périssent tous; il faut que Miguel signe leur arrêt! » s'écria la vieille reine en frappant du pied.

L'un des étudians, jeune homme de dix-huit ans, déclara, au moment de mourir, qu'il n'était pas encore baptisé; on ne rechercha point s'il disait vrai ou non, mais on ordonna de réparer l'omission.

La révolution du Porto fournit l'occasion, qu'on désirait si ardemment, d'effrayer la nation par les supplices les plus terribles. Il fut envoyé dans cette ville, déjà si malheureuse, des juges criminels. Ces hommes inflexibles, dont les pouvoirs étaient illimités, ne suivirent aucune des formes prescrites par la loi. Des milliers d'individus furent jetés dans les prisons, et douze des plus honorables périrent sur la potence.

Dans ce temps on découvrit à Lisbonne une conspiration, à la tête de laquelle était le général de brigade Morera. Si le plan de ce militaire, qui était de réunir quelques troupes sur le Roçio, de déclarer qu'on ne voulait plus obéir à D. Miguel, eût réussi, non-seulement les troupes, mais encore le peuple, se fussent réunis à lui. Morera parut un soir dans la caserne de la brigade de marine, dans laquelle il ne se trouvait ordinairement plus d'officiers à sept heures du soir. Il fit aussitôt battre la générale, et s'écria : *Soldats, aux armes! tous les régimens sont déjà réunis sur le Roçio.* Mais tout-à-coup le major du régiment, auquel la chose avait été dénoncée, à ce que l'on suppose, arrêta le général, un *cadet* qui l'accompagnait, et son fils, qui servait comme lieutenant dans le même régiment (1). Beaucoup d'autres, qui passaient par hasard devant la caserne, furent arrêtés. On n'a point su si Morera agissait seul ou avait des complices ; le fait est que le repos ne fut point troublé dans les autres casernes.

Son procès fut commencé sur-le-champ, mais l'arrêt ne fut prononcé que quelques mois après, parce qu'on avait toujours espéré, quoique en vain, de lui découvrir des complices (2). Le fils du général n'avait suivi son père que d'après ses ordres et sans connaître ses intentions ; il fut, malgré cela, condamné à un exil perpétuel dans les déserts de l'Afri-

(1) Le général Morera fut poussé à cette conspiration par un agent du marquis de P., et fut victime de sa confiance. Il s'en était ouvert à l'officier d'état-major, qui feignit d'entrer dans son plan et de le seconder ; mais lorsqu'il se présenta à cet officier, il fut arrêté. Il n'est pas vrai qu'il ait proféré aucun cri.

(2) Il en avait, en effet, et d'une classe si élevée, que leur sincérité est au moins suspecte.

que. On crut cependant avoir découvert un second complice; mais, comme on ne voulait pas dresser la potence pour deux seules victimes, on condamna avec eux trois autres individus, quoiqu'on n'eût pu les convaincre des crimes dont on les accusait. L'un de ces condamnés était le lieutenant Perestrello.

Plusieurs mois auparavant, ce malheureux s'était sauvé en Angleterre, d'où il était revenu à Lisbonne pour emmener sa fiancée. N'ayant pas osé rester dans la ville, il s'était rendu à bord d'un bâtiment français, et le soir même où Morera avait résolu de réaliser son projet, il avait rendu une visite à sa fiancée en habit bourgeois. En retournant au vaisseau, il passa près de la caserne de la marine, et c'est là qu'il fut arrêté, comme tous ceux qui passaient. Craignant d'être reconnu, il prit la fuite; mais il fut attrapé. Ne se sentant coupable que de s'être réfugié en Angleterre, il espéra se sauver en prenant un nom étranger. Il n'en fut pas moins déclaré complice de Morera, et l'on en trouva les preuves dans un ceinturon d'épée que l'on avait ramassé dans la rue, et qui, malheureusement, allait à sa taille. Il fut condamné à mort sous le nom supposé de Borera ; et quoiqu'il fît connaître alors son véritable nom, sa fuite en Angleterre, rien ne put le sauver. Le jour de l'exécution, le silence le plus profond et le deuil régnèrent dans toute la ville (1).

Une potence avait été dressée, pendant la nuit précédente, à la lueur des flambeaux, sur l'une des places les plus fréquentées, la place *Caes-do-Sodré*. Au jour, il y fut envoyé des détachemens d'infanterie et de cavalerie. Vers les dix heures, parut la procession des condamnés, précédée des troupes de police à cheval ; le juge criminel, aussi à cheval, et les frères de miséricorde, enveloppés de leurs manteaux de deuil, le crucifix en tête, agi-

(1) On regrettait justement en lui l'un des Portugais les plus braves, et qui avaient rendu le plus de services à la liberté. Dans la province du Minho, il avait, sans l'autorisation du gouvernement, établi un corps mobile, avec lequel il avait imposé silence à tous les Miguélistes, et assuré le respect dû aux constitutionnels, sans cependant froisser ceux qui ne l'étaient pas.

tant de temps en temps la sonnette des condamnés, étaient derrière. Les condamnés étaient pieds-nus, marchaient à la suite les uns des autres, vêtus de longues chemises, comme celles que l'on met aux morts, pendant jusqu'à terre, et attachées par une ceinture au milieu du corps; leurs mains, dans lesquelles était un petit crucifix, étaient liées sur la poitrine. Chacun d'eux était accompagné de deux prêtres, qui lui adressaient des paroles de consolation, et priaient avec lui. Ceux qui avaient été condamnés à l'exil en Afrique venaient ensuite, afin d'assister à l'exécution. Le bourreau leur fit faire plusieurs fois le tour de la potence. Deux valets du bourreau et des membres de la police à cheval fermaient la procession.

Quoique les assistans fussent au nombre de plusieurs milliers, le silence le plus profond régnait, et il n'était interrompu que par les soupirs, les sanglots et les prières de ceux qui demandaient pour faire dire des messes aux morts.

La procession arriva enfin au lieu de l'exécution, après un assez long intervalle qui ne faisait qu'ajouter aux angoisses de la mort. On remarqua, près de la potence, des bières couvertes de draps noirs, et là, on attendit encore une demi-heure avant de faire monter le *cadet* à l'échelle. L'infortuné, que l'idée de quitter le monde sitôt remplissait de désespoir, reculait, autant que possible, son dernier moment, en embrassant, à plusieurs reprises, son confesseur. Le signal fut enfin donné : le religieux donna l'absolution à son pénitent, l'accompagna à l'échelle, prit le crucifix d'une main tremblante et convulsive, et le bourreau aida le patient, déjà à demi-mort, à monter l'échelle. Arrivé à son triste but, il s'assit, jusqu'à ce que la corde fût attachée à la potence, et prêta l'oreille aux paroles consolantes que son confesseur lui adressait encore. Enfin, tout était prêt, et le bourreau, après lui avoir couvert la figure du capuchon qui était attaché à son col de chemise, le repoussa de l'échelle, s'assit sur les épaules de sa victime, jusqu'à ce que les convulsions de la mort, qui durèrent environ dix minutes, eussent cessé. Cinq minutes après, le bourreau coupa la corde, le cadavre tomba et fut couvert d'un drap noir par les frères de miséricorde. Les autres moururent de la même manière.

Le général, âgé de cinquante-huit ans, homme fort, d'une taille médiocre, subit son sort sans que son courage fléchît un seul instant, et avec le maintien le plus noble. Tranquille, concentré en lui-même, il parla peu avec son religieux; de temps en temps coulait sur sa joue une larme que lui arrachait le souvenir de sa femme et de ses enfans. Debout sur l'échelle, il pria le bourreau *de terminer au plus vite et de le laisser pendre plus long-temps que les autres, afin qu'il ne se réveillât plus* (1).

(1) Le général Morera a montré sans doute une grande résignation et un grand courage; mais nous ne devons point passer sous silence les derniers momens de Perestrello, et surtout ces belles paroles qu'il prononça sur l'échafaud : « Portugais, j'avais caché mon nom ; mais » je veux mourir avec tous les honneurs qui m'appar- » tiennent : je suis Perestrello... Vous savez quelle a été » ma vie; je la perds sans regret, si elle peut vous laisser

L'exécution dura cinq heures ; lorsqu'elle fut terminée, les têtes des cadavres furent coupées et attachées au poteau.

La ville se prononça, à cette occasion, de manière à ne pas laisser douter de ses dispositions. Des milliers d'individus inondèrent les rues par où la procession avait passé ; mais c'étaient seulement des gens de la plus basse classe. Les maisons étaient comme désertes ; nul curieux n'apparaissait aux fenêtres. Dans le voisinage et sur la place de l'exécution, les volets des maisons étaient fermés, et les maîtres s'en étaient absentés. Cet état des esprits exalta l'irritation des Miguélistes, qui appelaient hautement les habitans de ce quartier *malhados* (1), et D. Mi-

» un souvenir fécond en patriotisme. N'oubliez jamais que » je n'ai point cessé de combattre la tyrannie, et que mon » dernier soupir est pour la liberté. » Ici l'on fit battre aux champs, croyant qu'il allait parler encore, afin qu'il ne fût pas entendu.

(1) Comme D. Miguel aime beaucoup les combats de taureaux, et que l'on a remarqué que ceux qui sont *tachetés* sont les plus féroces, les absolutistes ont appelé les

guel lui-même l'évita par la suite dans ses excursions.

La fortune de Morera fut confisquée ; il ne resta seulement pas un lit à sa malheureuse veuve, et ce ne fut qu'avec beaucoup de peine qu'elle obtint la permission de s'expatrier en Afrique avec son fils.

La fiancée de Perestrello se précipita dans le Tage.

Comme les scènes que nous venons de retracer caractérisent l'esprit de la justice criminelle en Portugal, nous nous croyons justifiés des détails dans lesquels nous sommes entrés.

Autant D. Miguel se montre intrépide et courageux, comme dresseur de chevaux et dans les combats contre les taureaux sauvages, autant il paraît lâche quand il se trouve en face d'un homme, et tremble pour sa vie.

Après son retour de Vienne, sa mère lui avait tellement fait peur des francs - ma-

libéraux *malhados,* mais pour indiquer que D. Miguel devait les traiter comme les taureaux.

13.

çons (1), dénomination par laquelle on désignait les constitutionnels, qu'il était toujours poursuivi de la crainte d'être empoisonné par eux. C'est pour cela qu'il n'osait manger des mets de la cuisine royale, et sa nourrice, dame de haute noblesse, lui préparait elle-même, dans sa propre chambre, sur des bassins garnis de charbon, ceux dont il devait se nourrir (2). Un boulanger dans lequel il avait confiance lui envoyait du pain dans un panier fermé à la clé ; son eau était égale-

(1) Jean VI n'avait pas moins peur des francs-maçons. Un jour l'un de ses courtisans voulut lui faire connaître quel était leur costume. Ce détail de toilette était à peine fini, que l'un des ministres entra, habillé précisément comme on venait de lui peindre les francs-maçons. Le roi, épouvanté, faillit tomber en syncope, fut plusieurs minutes sans reconnaître son ministre, qu'il prenait pour un assassin qui allait le frapper. Si l'on peut exercer un pareil empire sur l'imagination des rois, qui doivent au moins avoir quelques lumières, que ne pourra-t-on pas sur l'esprit faible et superstitieux du peuple ?

(2) La famille royale du Portugal ne mange pas à la même table ; chaque membre vit séparément dans son appartement.

ment mise dans des vases ainsi fermés. Il ne prenait nulle part des rafraîchissemens, et il ne fit qu'une seule exception à cet égard, dans le cloître Saint - Jean de Népomucène (1). Il craint par-dessus tout les habitans de Lisbonne; ce n'est jamais que suivi d'une nombreuse escorte qu'il se montre en public. Si, alors, il s'apercevait qu'à son aspect quelqu'un se retirât d'une porte ou d'une

(1) La conduite de son frère D. Pédro est, sur ce point, tout opposée. Dans les temps des troubles du Brésil, il reçut très-souvent des avertissemens dont il ne tint jamais aucun compte. Il se rendit une fois dans la province de Minas, n'ayant qu'un domestique pour toute suite, pour y étouffer les troubles qui y avaient éclaté. En deux jours et demi il fit un chemin de cent vingt lieues. Arrivé à Villa-Ricca, il reçut la nouvelle d'une embuscade dressée contre lui dans un petit bois; il s'y précipita sans hésiter, et ne trouva rien qui dût éveiller ses soupçons. Pendant un festin qu'on lui donna, il reçut une lettre anonyme, par laquelle on l'avertissait qu'il devait être empoisonné; il la lut publiquement à haute voix, et goûta de tous les plats sans aucun accident. Sa présence et sa conduite dans Villa-Ricca lui gagnèrent tous les cœurs, et la tranquillité fut rétablie.

fenêtre, il le ferait arrêter sur-le-champ.

La chasse est sa passion dominante, et il faut que les affaires publiques lui cèdent le pas, à moins qu'elles ne le regardent spécialement, ou que son existence, comme roi, y soit attachée. Le bien du pays l'intéresse fort peu, et est abandonné aux soins de ses ministres; mais ce qui leur est prescrit rigoureusement, c'est de maintenir l'autorité royale par tous les moyens (1). Ils lui sont fidèlement soumis, parce que leur intérêt est lié de la manière la plus intime au sien, ce qu'il sait aussi fort bien lui-même, et c'est pour cela qu'il leur a dit souvent : *Au pire, je resterai toujours prince, mais vous autres, le*

(1) Colbert, désirant soulager la France accablée de misère et d'impôts autant que de servitude, proposait un jour à Louis XIV de supprimer les prisons royales, d'ailleurs inutiles, et dont il lui démontrait les inconvéniens et les abus : *Je verrai cet article séparément*, répondit le grand roi; *mon autorité exige qu'on ne perde pas de vue ce qui peut la maintenir.*

De tout temps les prisons ont, à ce qu'il paraît, été l'une des principales colonnes des trônes.

diable vous emportera (1). Sur ce point ses espérances pourraient cependant être trompées, et D. Pédro, qui s'attend avec confiance à ce que le gouvernement de l'usurpateur soit tôt ou tard renversé, doit avoir déjà pris des mesures à cet effet. On prétend qu'il sera alors donné une amnistie générale, mais que cependant D. Miguel et ses confidens seront relégués dans une petite île des côtes d'Afrique ou d'Amérique.

Lorsque D. Miguel se trouve dans une société d'étrangers, sa conduite est toujours embarrassée ; il ne sait ni interroger ni répondre, et se borne soit à un mouvement de la tête, soit à un simple *oui* ou *non ;* mais avec des domestiques, qui savent adroitement faire rouler la conversation sur les choses qui l'intéressent le plus, comme par exemple la chasse, les chevaux, les voitures, il ne tarit plus. Les seigneurs de sa cour, les ministres même, il les traite sans égards, et il frappa

(1) Ah! Louis XIV disait : *Il est juste que ceux qui font bien mes affaires fassent bien les leurs.* Mais il est un autre roi qui le dit pour D. Miguel.

u njour avec une chaise le comte de Bastos, auquel il doit d'être sur le trône, et que, pour sa sévérité, il se plaît à nommer le second marquis *de Pombal.* L'année dernière il mortifia ce vieillard de quatre-vingt-trois ans par la plaisanterie la plus déplacée : le comte était tombé dangereusement malade, et les médecins désespéraient de le sauver ; D. Miguel prescrivit à l'un de ses domestiques d'ordonner, au nom de la comtesse, à la livrée du comte, qu'on fît venir un corbillard pour le lendemain à huit heures. Le char funèbre parut à l'heure indiquée ; il était attelé de six mulets, et alla se placer devant la demeure du comte. Le conducteur eût été très-maltraité s'il ne se fût sauvé à temps.

D. Miguel n'a point, et n'a jamais eu de maîtresse en titre, quoiqu'on ait cru qu'à Vienne il en avait une. Il aime trop le changement, ce qui n'a pas peu contribué à l'élévation du vicomte de Quéluz ; mais il en est souvent résulté des maladies fort dangereuses. Quelque temps avant son bannissement du Portugal, il avait une maladie secrète pour

le traitement de laquelle un de ses domestiques lui recommanda un garçon barbier qui
l'accompagna à l'étranger, et sut adroitement
gagner sa confiance. Après son retour, D. Miguel l'éleva au rang de baron, bientôt après
à celui de vicomte, et le combla de présens.
On ne peut, au reste, refuser à cet homme ni
un certain esprit ni quelque probité.

Les efforts qu'il fit pour empêcher l'Infant
de commettre beaucoup d'imprudences et
même d'usurper le trône, indisposèrent enfin
son royal protecteur. D'un autre côté, la noblesse, blessée de l'élévation d'un barbier, in-
trigua et provoqua sa chute au moment où
il allait être élevé au titre de comte. Il fut
banni à Alfeite, possession royale située sur
les bords du Tage, où l'on prétend qu'il garde
les trésors de D. Miguel, et d'où il doit s'embarquer, en les emportant avec lui, à la première catastrophe.

Deux jours par semaine, D. Miguel donne
audience dans le palais de Bemposta, l'une
aux hommes, l'autre aux dames. Il paraît, ces
jours-là, des centaines de personnes qui tra-

versent, à la file, trois salons avant d'entrer dans la salle d'audience. Arrivées devant le trône, elles se jettent à genoux, baisent la main qui leur est présentée, expliquent leurs demandes ou les donnent par écrit.

Il reçoit ordinairement les pétitions avec un mouvement de tête ou gracieux ou indifférent, ne répond que très-rarement, et donne sa main à baiser une seconde fois en signe de congé (1).

Les jours de grande réception, il vient régulièrement plus de mille personnes pour baiser les mains de la famille royale; on voit les plus misérables voitures à côté des équipages les plus brillans. Les portes de la salle du trône s'ouvrent d'abord aux ministres, aux

(1) Lorsque D. Pédro donnait ses audiences, il se tenait debout, sous un baldaquin, appuyé sur son épée. Il écoutait avec la plus grande attention même les individus de la plus basse classe ; il faisait des questions, qu'il réitérait quand il le croyait nécessaire, et prononçait sur-le-champ. Le regard qu'il portait autour de lui était assuré, et il parlait si distinctement qu'il pouvait être entendu de tout le monde.

conseillers d'État et aux grands du royaume. Après l'invitation du gentilhomme de service, viennent tous ceux qui s'étaient rassemblés dans différens salons, selon leur rang. La foule est si grande alors, et se presse tellement, que souvent la garde des hallebardiers, placée devant la cour, est forcée d'intervenir, et il en résulte quelquefois des scènes sanglantes. Il s'en est passé de semblables sous mes yeux à Rio-de-Janeiro.

Il échappe à ceux qui se trouvent trop pressés, comme à ceux qui sont chargés de maintenir l'ordre, des expressions vraiment pittoresques ; quelquefois on se croirait emporté par une émeute populaire.

La famille royale, sur une ligne, et selon l'âge et le rang, est debout sous un baldaquin; les visiteurs se placent sur le genou droit, baisent la main à chacun, et sortent par une autre porte.

Lors du séjour du vieux roi à Rio, la famille royale se composait de treize membres, ce qui rendait la cérémonie du baise-main fort longue et fort comique parfois, car il arrivait que des vieillards s'embarrassaient dans les tapis, tombaient par terre, et entraînaient ainsi beaucoup d'autres culbutes.

D. Miguel visite de temps en temps les arsenaux et les établissemens publics. Les employés étant toujours prévenus, il ne manque jamais de les trouver à leur poste. Il traverse sans dire mot les lignes des ouvriers, leur fait des signes de la tête, offre de chaque côté sa main à baiser, sans donner un seul coup-d'œil aux travaux, auxquels, du reste, il est absolument étranger (1). Cette indifférence les touche peu, tandis qu'un mouvement de tête leur fait oublier pendant quelques semaines que leur salaire est arriéré de quinze mois.

(1) D. Pédro, seulement suivi d'un domestique, visitait les établissemens publics dès la pointe du jour. Il s'attachait à voir par lui-même si chaque employé était à son poste; se faisait donner souvent la liste des ouvriers, les appelait par leur nom, et ordonnait lui-même les dispositions. Il allait se convaincre, dans les tribunaux, de la régularité de la marche des affaires, et relevait la moindre négligence par des réprimandes sévères.

Mais, dira-t-on, comment est-il possible que des ouvriers qu'on ne paie point pendant un si long temps puissent faire subsister leurs familles? Cette question se résout par l'exposé des circonstances : le dernier des ouvriers de l'arsenal de la marine gagne de deux à trois francs par jour; un sous-inspecteur, de quatre à cinq; un inspecteur, de sept à dix. Le nombre des ouvriers est de mille, et la solde de chaque mois s'élève à plus de trente mille crusades. Quoique les ouvriers soient journellement portés sur les listes comme présens, il n'y en a jamais régulièrement plus de la moitié. Les ouvriers s'entendent avec les maîtres, ceux-ci avec les inspecteurs, ainsi de suite, et le gouvernement seul perd. Quand enfin la solde arrive, la distribution se fait fraternellement, et un peu de travail se trouve rétribué grassement.

Antérieurement les ouvriers étaient payés au mois; fort peu, du moins, l'étaient comptant. Si l'argent manquait, on donnait des bons que la banque escomptait à douze pour cent. Mais comme, par le temps qui court, le travail est très-rare, et que la banque n'escompte plus, ces ouvriers sont tombés dans la plus grande misère, ce qui a amené des révoltes qu'on n'a pu comprimer qu'en payant le salaire de un ou deux mois.

La peur a toujours empêché D. Miguel d'aller au spectacle; mais il ne manque aucune des grandes cérémonies religieuses, où il affecte la plus grande dévotion. Il suivit, l'année dernière, d'église en église, une procession qui avait été ordonnée à la suite de plusieurs sacriléges (1).

(1) Le sacrilége (vol dans les églises) a été établi par les prêtres comme moyen de combattre les libéraux, et pour avoir un prétexte pour rétablir l'inquisition. On a, en effet, vu quelques *auto-da-fe*. A Porto on a brûlé quelques personnes, et cinq à Lisbonne même, publiquement, sur le *Coes-do-Sodro*. Les condamnés ont été traînés au lieu de l'exécution sur des peaux de vaches, étranglés et brûlés à *cendroa*. L'odeur désagréable qui s'en était exhalée avait pénétré dans les maisons, et y était restée pendant plusieurs jours. Tous les crimes de lèse-majesté sont ainsi punis, et les cendres des suppliciés sont jetées à la mer; mais ce ne sont pas là des auto-da-fé. Ce fut le supplice infligé à MM. Gomez frères, qui étaient ac-

C'est là ce qui le recommande à un peuple ignorant, et les journaux retentissent des actes de sa piété. S'il rencontre un prêtre dans la rue, sous le dais, portant le Saint-Sacrement, il descend de cheval ou de voiture, le suit partout jusqu'à ce qu'il rentre dans l'église d'où il était parti. C'est ainsi qu'il allie la bigoterie à la cruauté.

La chasse, comme je l'ai dit plus haut, est sa passion favorite, et ses visites dans les districts coûtent des frais énormes. A l'époque de ces excursions, il demande de cent à deux cent mille crusades au trésor, qui se voit ainsi forcé de suspendre tous paiemens, même les plus nécessaires.

Les gens des campagnes lui inspirent de telles craintes, ce qui prouve suffisamment que le peuple ne veut point de lui, que, lorsqu'il va à la chasse au loin, il se fait accompagner par de l'infanterie, de la cavalerie et même par de l'artillerie. Il s'entoure de plus d'une cour nombreuse, où les dames

cusés d'avoir trempé dans une conspiration qui avait pour but d'expulser les Anglais.

abondent, et ses sœurs prennent souvent part à ses amusemens. Pendant les soirées on joue aux gages, ou l'on va au spectacle, car il mène aussi des acteurs à sa suite. Dans une de ces représentations, D. Miguel se chargea du rôle de D. Quichotte, rôle qu'il doit avoir rempli avec toute la vérité imaginable (1).

Dans les jeux des *gages*, c'est ordinairement lui qui inflige les peines prescrites, et rien ne l'amuse autant que de frapper, avec la *palmatoria* (2), et ses ministres et ses vieux courtisans. Ce qui ne le réjouit pas moins, c'est de pouvoir *jouer des tours* aux autres, ce qu'il ne manque jamais de faire le soir quand il est plus ou moins ivre. Dans cet état

(1) Le maréchal de Saxe avait aussi la manie de traîner des comédiens à sa suite, et l'on sait que Néron ambitionnait les suffrages des spectateurs.

(2) La *palmatoria* est une palette ronde, en bois, toute percée de trous, ayant un manche de dix à douze pouces. Dans les écoles du Portugal, elle remplace le bâton. C'est avec le même instrument qu'au Brésil on châtie les esclaves ; mais il est rare que la correction ne soit pas suivie du gonflement des mains.

il insulte jusqu'à ses sœurs par des obscénités brutales, par des noms injurieux, et même par des violences. Une fois, sans le barbier, comte de Queluz, il eût tué d'un coup de fusil la ci-devant régente.

Il ne faut point s'attendre, avec lui, à un entretien sévère et décent.

D. Miguel ne lit ni n'écrit jamais. Tout ce qui tient aux exercices de l'esprit le fatigue et le dégoûte. Comme tous les princes ignorans, despotes et cruels, il déteste souverainement les lettres. Cette remarque est commune au Portugal comme à tous les autres peuples. Jean III, fils du grand Emmanuel, a été, jusqu'à D. Miguel, le plus grand bourreau de la liberté portugaise. Ce fut lui qui fit du gouvernement constitutionnel un gouvernement de sérail; ce fut sous son règne que le pacificateur des Moluques, Antoine Galvao, succomba sous les coups de la calomnie et les tourmens de la misère; que Antoine Silveira, gouverneur de Diu, mourut pauvre, parce qu'il aimait les libertés de sa patrie; que Lopo Vaz de Sampaio fut jeté dans une prison; enfin, pour abréger, que Nuno da Cunha, cet illustre citoyen, gouverneur de l'Inde, mourut de chagrin en se rendant à Terceira, où A. Correa Barrheus l'attendait pour le charger de fers, selon l'ordre du roi. Ce fut ce même Jean III qui introduisit en Portugal les jésuites, l'inquisition, la censure, les délateurs et les espions, fléaux toujours inséparables.

D. Miguel est aussi inconstant dans ses amusemens que dans ses amours; lorsqu'il est las du *dolce far niente*, il tue des cochons ou dissèque des souris vivantes, talent qu'il s'est donné à Vienne.

De temps en temps il se livre à la pêche, et, quand il n'a pas mutilé le poisson qu'il a pris, il le prépare lui-même sur des charbons ardens.

Il trouve une grande récréation à visiter les haras et à y voir des chevaux entiers en activité. Il y remplit même l'office le plus bas, cet office méprisé partout, et particulièrement regardé en Portugal comme une infamie.

Ce doit être un souvenir bien agréable pour

ceux qu'il admet à lui baiser la main, aux dames surtout.

Un jour que D. Miguel se rendait à l'un des haras qu'il fréquente, il rencontra, sur son chemin, une jeune dame qui se promenait avec un enfant de cinq à six ans. Il fit signe à deux valets, qui le suivaient, de l'entourer ; alors il prit le bras à cette dame, et l'emmena ou plutôt l'entraîna de force dans le haras. Il l'introduisit ensuite dans une écurie où il fit placer une jument et un cheval entier, et la dame fut obligée de souffrir que le prince fît, avec elle, chorus de bestialité.

En général, on s'était promis un gouvernement plus doux après la mort de la reine ; mais tout le monde, et ceux-là même qui languissaient dans les cachots, a été trompé.

Le ci-devant ministre de la justice, P. de Mello Brainer, vieillard de quatre-vingts ans, a langui pendant deux années dans la tour de Saint-Julien sans avoir vu une seule fois sa famille. Devenu aveugle et tombé dangereusement malade, il ne put obtenir d'être soigné par elle ; on lui refusa même un prêtre.

Ce ne fut qu'après sa mort qu'on permit à sa famille de le voir, et encore une seule fois seulement.

Le lieutenant-général Caula est aussi depuis trois ans passés dans le même cachot : il n'obtient que rarement la faveur de voir son épouse, et encore en présence de l'insensible gouverneur Tellès-Jourdan. On n'ouvre la fenêtre de son cachot que pendant quelques heures de la journée ; le reste du temps il est tenu dans la plus profonde obscurité.

Il ne peut ni lire ni écrire, on lui en interdit les moyens.

Il ne peut se procurer qu'à un prix énorme des vivres plus que mauvais.

Lorsque c'est ainsi que sont traités les prisonniers du premier rang, il n'est guère facile de se faire une idée du sort des malheureux des basses classes.

Les agens de D. Miguel rivalisent avec lui d'inhumanité.

Le lieutenant Avelez fut transporté à Lisbonne à travers une distance de trente lieues, quoiqu'il vînt de se casser une jambe.

Le général Claudino, malade, fut roulé, presque jusqu'à extinction, dans le tonneau dans lequel il s'était caché.

La nomenclature de faits semblables est à n'en plus finir.

Afin d'entretenir la terreur déjà générale, D. Miguel et ses acolytes imaginèrent ou fomentèrent des conspirations, comme celle du 7 février, par exemple, de cette année (1831), pour augmenter, d'un côté, le nombre des victimes, de l'autre, pour intimider la nation, et la détourner, par la peur, d'entreprises réelles, et pour la fortifier dans la croyance que rien ne peut être caché au gouvernement.

Tout cela néanmoins ne pourra le garantir du sort inévitable qui l'attend : 30,000 prisonniers, 50,000 individus dépouillés de leurs biens, des centaines de milliers dont on repousse les demandes les plus justes, et les centaines d'autres milliers qui souffrent de toutes ces rigueurs, de ces injustices révoltantes, ne rêvent que vengeance et ne respirent que pour elle. Des invalides, des veuves, auxquels déjà il n'avait été fait que fort peu de chose, n'ont reçu aucun soulagement depuis l'arrivée de D. Miguel.

Plusieurs personnes de distinction parcourent les rues et demandent l'aumône dès que la nuit peut cacher leur embarras et leur honte. D'autres, au désespoir, volent ou font la contrebande; de jeunes filles se prostituent pour empêcher leurs parens de mourir de faim.

La misère est trop générale, trop excessive, pour qu'un tel état de choses puisse subsister long-temps, et les Portugais ne pourraient, sans crime, méconnaître ce que D. Pédro a entrepris pour leur délivrance et pour l'avancement de leur liberté.

A la fin de 1830, la solde des officiers de troupe de ligne était arriérée de sept mois; la solde des domestiques civils, de treize mois : on les paya avec des billets du trésor, qu'ils ne purent escompter qu'à 30 pour 100 de perte, et à la condition de prendre la moitié en papier qui perdait de son côté 33 pour 100.

La corruption et l'infidélité sont les conséquences immorales de cette triste situation, dont on ne peut attendre l'amélioration, car, à la fin de 1830, les revenus de 1832 étaient déjà dépensés, et tous les efforts qu'on fit pour un emprunt public furent inutiles, parce que le crédit de l'Etat était entièrement perdu. Au commencement de l'année, on tenta de faire, à Lisbonne même, un emprunt de 5 millions de crusades, à des conditions très-favorables aux prêteurs ; mais on ne parvint qu'avec peine à réunir 2 millions, dont la moitié était en papier.

Ces difficultés n'empêchent pas D. Miguel de continuer ses dissipations ; mais l'on dit aussi que, dans le cas d'une catastrophe, il amasse des trésors considérables. D. Miguel peut dissiper le trésor public, mais le goût de thésauriser est héréditaire dans sa famille. Jean VI avait un trésor immense et une fortune incalculable en diamans, qui furent partagés à sa mort, et D. Pédro reçut sa part au Brésil, du moins à ce qu'on affirme. Si l'on veut avoir une idée du trésor de Jean VI, lors de son départ pour le Brésil, une personne, bien informée, *vit passer dix-huit chariots chargés d'or, attelés de quatre-vingt-quatre* mules, et il y en avait beaucoup d'autres qu'elle n'a pas vus.

La plus grande partie des malheurs du Portugal retombe sur l'Angleterre. Il est vrai que le comte Dudley (dans son Adresse du 22 avril 1828 à l'ambassadeur portugais) déclara hautement qu'il désapprouvait tous les actes de l'Infant ; mais alors il n'était pas encore d'intelligence avec Wellington, et il tenait, par conséquent, le langage d'un honnête homme. Le cabinet commença bientôt à agir d'après les vues de Wellington, comme cela résulte évidemment de la correspondance du ministre Aberdeen avec le marquis de Barbacena.

S'appuyant sur les traités existans, le marquis demanda à l'Angleterre de maintenir la couronne sur la tête de dona Maria II, que l'Angleterre avait reconnue ; la réponse refusa le secours demandé, et n'interpréta que d'une manière forcée des traités dont le sens était des plus clairs. Le marquis appuya ses demandes de nouvelles raisons péremptoires ; la réponse tourna toujours dans le même cercle, c'est-à-dire que tantôt elle paraissait consentir, tantôt elle était évasive.

Lorsque toutes les ressources de la diplomatie furent épuisées, on prit le prétexte d'avoir été offensé, pour justifier son refus d'envoyer des secours, pour faire jouer tous les ressorts de l'intrigue, et pour gagner un temps dont D. Miguel profiterait pour arriver sans empêchement à son but (1). Il importait surtout au parti Wellington de tout faire pour empêcher que la jeune reine ne prît possession

(1) Ce système de diplomatie, qui a pour but de lasser les peuples et de fourvoyer les gouvernemens faibles, est aujourd'hui la grande ressource des cabinets des cinq grandes puissances. Ce système ne laisse pas d'opposer à la volonté des peuples mêmes une grande force d'inertie qui les épuise et tend à les soumettre. Le peuple n'arrive à la liberté que par convulsions et par secousses, et presque toujours s'arrête, se tait et attend après; mais les intrigans, les ambitieux et les cupides, qui viennent exploiter son œuvre, ne s'occupent bientôt plus que de diriger leur politique selon les intérêts et l'accord communs; ils marchent sans cesse vers leur but, agissent pendant que le peuple sommeille, et, soutenus par la force, par la magistrature, par les agens secrets, par l'impuissance même de la misère, ils arrivent à leurs fins. Ce système enfin est la

de l'île de Terceire, parce que, de là, le trône de D. Miguel eût toujours été menacé. Pour y parvenir, on n'épargna ni menaces, ni intrigues; on n'appréhenda pas même de faire chasser du Portugal et de l'île, à coups de canon, les sujets de la reine, sous le vain prétexte qu'ils avaient quitté l'Angleterre armés.

Cette conduite fut sévèrement blâmée par le Parlement anglais, et le parti Wellington ne put plus s'opposer à l'occupation de l'île.

D. Miguel, qui ne pouvait méconnaître quel était pour lui le danger d'un pareil voisinage, avait ordonné de prendre l'île de vive force; mais 3,000 hommes de troupes bien exercées y étaient abordées avant qu'il eût eu le temps de prendre ses mesures: le comte de Villa-Flor avait été plus expéditif que lui.

Cependant les armemens finirent en Portugal; il fut fait des frais immenses, et 3,000 hommes furent embarqués. Personne ne doutait du succès de l'entreprise. Arrivés en rade de l'île, les Miguélistes commencè-

ligne des cabinets contre les peuples; attendons pour voir si les peuples abdiqueront leur droit.

rent l'attaque ; mais la moitié des troupes était à peine débarquée, sans avoir éprouvé de résistance, qu'un feu bien nourri étendit par terre des lignes entières, et força le reste à se rendre. Les vaisseaux souffrirent tellement du feu qui fut dirigé sur eux, qu'ils coupèrent leurs ancres en toute hâte, et cherchèrent leur salut dans la fuite.

L'expédition rentra en Portugal dans un état déplorable, et avec une perte de 1100 hommes.

Une régence, que D. Pédro avait déjà nommée, se rendit alors d'Angleterre à Terceire, pour gouverner l'île au nom de dona Maria II. Le cabinet d'Espagne cependant, qui avait déjà résolu de reconnaître D. Miguel, se vit réduit par cela à la nécessité, douloureuse pour lui, d'abandonner encore cette reconnaissance.

Malgré toutes ces circonstances, l'Espagne résolut de reconnaître D. Miguel, espérant que d'autres États suivraient l'exemple une fois donné, et envoya un ambassadeur à Lisbonne.

Le chargé d'affaires américain, qui jusque

là avait vécu à Lisbonne en simpl e particulier, gagné par sa femme, Espagnole de naissance, reprit ses fonctions, sans cependant reconnaître D. Miguel au nom de son gouvernement, et le nonce du Pape fit comme lui.

Par ces antécédens l'Angleterre se trouvait engagée à une démarche nouvelle. Elle rappela son consul de Lisbonne et le remplaça par M. Mackenzie, homme entièrement dévoué au duc de Wellington, en lui donnant l'instruction de favoriser l'usurpation de D. Miguel autant que possible. Cet agent, qui avait pour mission principale de calmer la surprise que causerait une semblable reconnaissance, était chargé de demander à D. Miguel, comme condition préliminaire, d'abord une amnistie générale, ensuite le renouvellement du traité de 1810, si désavantageux au Portugal, et enfin la cession de l'île de Madère. Ces demandes furent refusées toutes les fois qu'elles furent réitérées, et, dans le fait, D. Miguel ne pouvait pas accorder la première sans compromettre son existence royale. Ces milliers de bannis, de prisonniers, de spoliés, devenaient autant d'ennemis de son pouvoir (1).

Peu de temps avant la chute du ministère Wellington, ce dernier avait des communications très-actives avec le ministère portugais, et D. Miguel était tout près d'accorder l'amnistie, mais sous des exceptions nom-

(1) D. Miguel, que les trois Etats réunis de 1828 avaient présenté comme jaloux de l'honneur et de la gloire nationale, oubliait les belles paroles qui avaient été prononcées, dans les séances des Cortès de Lamégo, par les Cortès brandissant leurs épées, et par le roi, lorsqu'on y proposa de se soumettre au roi de Léon. Les voici : « Nous » sommes libres, notre roi est libre, nos bras nous ont » rendus libres; qu'il meure le seigneur roi qui consen- » tirait à cela; et s'il est roi, qu'il cesse de régner et qu'il » perde la couronne. » Et le seigneur roi se leva derechef, ayant la couronne sur la tête, et l'épée nue à la main, et parla à l'assemblée en ces termes : « Vous savez combien » j'ai combattu pour votre liberté : vous en êtes les té- » moins, ainsi que mon bras et mon épée. Si quelqu'un » consentait à cela, qu'il meure; et si c'était mon fils ou » mon petit-fils, qu'il perde la couronne. » Et tous répon- dirent : « C'est bien dit : qu'ils meurent. Et le roi qui con- » sentirait à se soumettre à une domination étrangère, » qu'il perde la couronne. » Et le roi répéta : « Qu'ainsi » soit fait. »

breuses, et à la condition que l'Angleterre lui enverrait des troupes pour protéger sa couronne (1). L'Angleterre y eût peut-être consenti, lorsque la mort du roi, le changement des choses en France, et enfin la chute du ministère Wellington ajournèrent tous ces plans.

On ne pouvait attendre d'être favorisé par la France et encore moins par l'Angleterre, qui, pour détruire toute espérance à cet égard, rappela immédiatement son agent Mackenzie. Il ne resta plus à D. Miguel que l'Espagne qui a continué ses relations avec lui. Une révolution dans ce pays devait mettre le Portugal en flamme et en renverser le tyran (2). Mais D. Pédro est trop éloigné et trop lié par ses intérêts pour le tenter par la force; et, d'un autre côté, la régence de Terceire

(1) Qu'on nous permette cette comparaison : l'Angleterre ressemble, par rapport au Portugal, à un chat qui, ayant pris une souris et lui ayant donné le coup de griffe et de dent, ne s'en sert que pour s'en amuser, jusqu'à ce qu'il lui prenne la fantaisie de la dévorer.

(2) On voit que l'auteur écrivait ceci avant de connaître la chute, sans doute temporaire, de D. Pédro.

est trop pauvre pour rien entreprendre (1). Cependant l'état actuel des choses, en Portugal, porte en soi-même un principe de dissolution, et le menace par la partie militaire surtout. L'époque ne peut être éloignée où le paiement de la solde sera impossible, et elle mettra nécessairement fin à l'usurpation, si les puissances de l'Europe ne pensent pas, avant ce moment, devoir s'intéresser aux malheurs de ce pays.

Il a été publié une foule d'écrits tendant à établir les droits de D. Miguel au trône du Portugal, et presque tous ont pris pour base le discours de l'évêque de Vizeu (2), et la ré-

(1) D. Pédro n'a pas été plus tôt arrivé en France qu'il s'est trouvé des hommes qui lui ont proposé des secours. C'est M. G^{el} Malo, armateur de Dunkerque, qui a offert d'abord deux bâtimens et tous les frais de transport, même de les armer. Ce loyal patriote consentait à ce sacrifice, sur la seule demande qui lui en avait été faite par un sieur de Castro Pitta, homme sans consistance et sans capacité; mais ce Portugais était dirigé par le traducteur de cet ouvrage, qui réglait et rédigeait la correspondance.

(2) Cette ouverture des Cortès eut lieu le 23 juin 1828. Voici l'analyse de ce discours : C'est le vœu unanime des Portugais qui appelle D. Miguel au trône pour guérir la

ponse qu'y fit le procureur de Lisbonne, José Accurho das Neves (1), à l'ouverture des Cortès de 1828, quoique la vérité y soit défigurée de la manière la plus choquante ; aucun

patrie de ses maux et de ses inquiétudes. Les grands, les autorités et le peuple sont tous d'acord sur un acte que sanctionnent les lois et les anciennes coutumes. Le prince est idolâtre de la patrie, du respect pour les lois et de l'honneur ; il est vrai qu'il ajoutait, *des sages us et des coutumes.* Ses peuples lui font violence par les témoignages de leur amour ; il ne peut résister, mais il ne veut rien que par les lois. Il ne veut rien qui puisse colorer l'*abus insolent du pouvoir.*

L'évêque dit : « Il serait inconvenant et digne de cen» sure si, dans une affaire si grave, on écoutait seulement » la voix des passions, lesquelles, quoique souvent sus» pectes dans leurs jugemens, ne se méprennent pas tou» jours. »

Le reste est sur ce ton. On voit que l'épiscopat n'est point étranger aux formes diplomatiques.

(1) Jamais la plus basse flatterie ne conçut un plus bas discours. D. Miguel y est comparé au libérateur qui mit fin aux malheurs du peuple d'Israël après la captivité de Babylone. L'esprit entier de ce discours se trouve dans ces paroles : *Après Dieu, Votre Altesse Royale était le seul objet de nos espérances.* Mais il en fait aussi un *Hercule :* l'auteur, comme on le voit, avait besoin de la fable.

n'approche du manifeste publié à Londres en 1829, avec toutes les pièces justificatives. Celui-ci démontre jusqu'à l'évidence les droits de D. Pédro et de sa fille dona Maria II ; rien n'est plus victorieux que les réfutations qu'on y trouve, des interprétations malignes qu'on avait faites des lois, des ruses et des perfidies employées pour s'approprier le trône.

Nous en avons extrait, comme on va le voir, une pièce remarquable, extrêmement intéressante pour l'histoire nouvelle du Portugal, et nous l'avons traduite fidèlement, en passant cependant tout ce qui n'était pas essentiel à l'histoire.

—

DEUXIÈME PARTIE.

MANIFESTE.

Des prétentions de Sa Majesté la Plus Fidèle dona
Maria II, et Eclaircissemens sur les affaires du Portugal (1).

Si, dans leur débordement, les passions dé-
figurent la vérité la plus pure, et si une faction immorale foule aux pieds tout ce que
l'homme a de plus cher et de plus sacré, le devoir de tout honnête homme est de déchirer
ce voile, autant qu'il le peut, et de produire
la vérité au grand jour.

Au commencement de l'année 1828, D. Pé-

(1) Imprimé à Londres en 1829, chez Richard Taylor,
Red Lion Court, Fleet-street.

15.

dro occupa tranquillement le trône du Portugal; il était reconnu dans toute la monarchie comme roi légitime. Tous les princes et princesses de la maison régnante le regardèrent comme tel, et il fut reconnu à ce titre par toutes les puissances de l'Europe. Dona Maria II fut reconnue de même par elles par suite de l'abdication formelle de son père en sa faveur; il n'a manqué que la réalisation d'une seule des conditions de l'abdication, pour qu'elle entrât en possession complète du trône qui lui appartenait incontestablement.

Cette condition fut liée à une époque que la nation portugaise et toute l'Europe désirait ardemment voir réalisée, celle où l'infant D. Miguel remettrait fidèlement le sceptre entre les mains de dona Maria, comme il en avait fait le serment lors de sa nomination à la régence.

C'est à ce point de fait et de droit qu'en était la question de la monarchie portugaise au commencement de 1828.

L'abdication eut lieu le 3 mars de la même année; mais au lieu d'avoir les conséquences qu'on en avait attendues, le monde vit avec étonnement la reine privée d'un trône que l'Europe avait reconnu être le sien ; son autorité fut méprisée par le même prince qui lui avait juré fidélité ; ses fidèles sujets furent persécutés, emprisonnés, assassinés de la manière la plus atroce, ou forcés de quitter leur patrie pour sauver leur honneur. Elle fut elle-même obligée de chercher une retraite chez la noble nation britannique, parce que dans tout son royaume il n'y avait que l'île de Terceira qui lui eût gardé une fidélité que D. Miguel avait encore tenté d'ébranler.

Pour atteindre ce but, l'usurpation employa tous les moyens qu'un esprit révolutionnaire put inventer dans de pareilles circonstances. On se permit tout : un bouleversement général, la terreur, la persécution, les intrigues et la calomnie ; tous les principes contraires à la société furent adoptés ; on donna une autre interprétation aux faits historiques (1) ; on cita des lois qui n'exis-

(1) *Voyez* le décret du 23 juin 1828.

taient pas ; on inventa les sophismes les plus grossiers, et, pour donner au moins une apparence de légalité à cette œuvre injuste, on renouvela les trois Etats du royaume (1) oubliés depuis si long-temps. Dès ce moment on se crut autorisé à donner le nom de *rebelles* aux Portugais fidèles, et à les persécuter, soit au-dedans, soit au-dehors.

Ce qu'il y a de plus affligeant pour les gens d'honneur est de se voir accusés de crimes infâmes par leur propre oppresseur, et l'Europe ne refusera pas d'applaudir à ce manifeste, car il a pour but de démontrer :

(1) Il suffit, pour s'en convaincre, de lire la *lettre-patente* du roi Jean VI, sous la date du 13 mai 1825; la loi et édit perpétuel rendus à Lisbonne le 29 août même année; le décret donné au palais de Bemposta le 6 mars 1826, contre lequel D. Miguel n'a pas protesté, pas plus que contre le discours de la députation du gouvernement provisoire de Portugal, qu'il a ratifiés, au contraire, par sa lettre à dona Isabelle Maria, régente, sous la date de Vienne, le 6 avril 1826; par une lettre à la même, et de Vienne, le 14 juin même année; et enfin par sa lettre à D. Pédro, de Vienne encore, le 12 mai aussi même année.

1° Que les droits de D. Pédro IV et ceux de dona Maria II sont incontestables;

2° Que l'élévation de S. A. D. Miguel au trône est une véritable usurpation aussi injuste en elle-même que scandaleuse dans les moyens dont on s'est servi (1);

3° Que toutes les raisons par lesquelles on veut exclure D. Pédro IV du trône ou y élever D. Miguel sont fausses et insuffisantes;

4° Que si D. Miguel avait des droits au trône, en 1828, le droit de les disputer était passé;

5° Enfin, que la manière dont on a agi, dans ce jugement tout nouveau et intempes-

(1) Mais, comme on l'a vu déjà, tout avait été arrangé pour cela par les cabinets de Vienne et d'Angleterre, qui, en jouant D. Pédro, avaient résolu et préparé l'usurpation. C'est ce qui résulte évidemment de la dépêche de M. de Metternich au prince d'Esterhazy, datée de Vienne, le 18 octobre 1827; du deuxième protocole, du 20 octobre; des lettres de D. Miguel au roi d'Angleterre et à l'Infante régente, du 19 du même mois; et enfin du troisième protocole, daté de Vienne le 23 du même mois.

tif, fut illégale, nulle et rejetable, tant pour l'incompétence du tribunal que par les élémens dont il a été composé, choisi et appelé.

A quoi il faut ajouter que personne n'était présent pour défendre les droits de D. Pédro, tandis que D. Miguel y assistait comme partie et comme juge.

En traitant une question de cette gravité, nous n'emploierons d'autres armes que celles de la franchise et de la vérité. Chaque objet, même le moins important, sera appuyé des documens nécessaires; ainsi l'on doit s'attendre à ce que l'examen que nous nous proposons ne laissera aucun doute dans l'esprit de ceux qui aiment la vérité.

CHAPITRE PREMIER.

Des prétentions légales de D. Pédro IV au trône de Portugal, et de celles de dona Maria II, par suite de l'abdication formelle de son père.

—

Le 10 mars 1826, lorsque Dieu appela à une meilleure vie D. Jean VI, d'illustre mémoire, D. Pédro d'Alcantara, son fils aîné, empereur du Brésil, et prince héréditaire du Portugal et des Algarves, était en possession de ses droits et du titre, comme héritier et successeur de la couronne. Les droits incontestables de ce prince étaient fondés, tant sur sa primogéniture, que sur la seule loi qui fixait la succession au trône de Portugal, et qui avait été sanctionnée par les Cortès de Lamégo, et enfin sur le droit commun suivi dans toutes les monarchies nouvelles (1).

(1) L'auteur écrit ici en légitimiste; mais ce siècle a singulièrement modifié, pour ne pas dire changé, ses

La possession de ces droits, qui ne fut jamais interrompue ni contestée, a été réservée, de la manière la plus précise, dans les deux actes par lesquels l'*indépendance du Brésil a été reconnue*, notamment par la *Carta patente* du 13 mai 1825, par la loi et édit du 15 novembre de la même année.

Sa Majesté l'empereur du Brésil était donc le prince appelé au trône du Portugal par le droit et par la possession. Aucun autre ne se présenta en élevant les moindres prétentions, et c'est pour cela que, Jean VI mourant, la couronne passa de fait et de droit à son illustre aîné, l'empereur du Brésil.

D. Pédro ne se rendit point, il est vrai, en Portugal; il n'y envoya pas non plus de ministre plénipotentiaire, il n'avait malheureu-

idées. Il est vrai que les trônes défendent ce qu'ils appellent *leurs droits*, mais les peuples revendiquent aussi *leurs droits*; d'où il résulte un véritable conflit, qui, certes, ne peut être égal entre les parties. La force l'a tour-à-tour décidé entre les intéressés; mais il semble qu'il doive y avoir un nouvel appel.

sement pas pris de mesure à cet égard; mais
la régence que le roi avait nommée peu de
jours avant sa mort, la conviction générale
des droits de D. Pédro au trône, suffisaient
pour ne laisser ni doutes ni incertitudes sur
ce point important.

Des monnaies furent frappées sur-le-champ
à l'effigie de D. Pédro; la justice fut rendue
partout le royaume en son nom; il fut le
chef de l'administration publique; en un
mot, sa souveraineté fut reconnue de toute
la nation. Le clergé, la noblesse, le peuple,
les tribunaux, les armées de terre et de mer,
toutes les corporations, furent d'accord sur
cette reconnaissance; pas une voix ne s'éleva
contre, et, pour atteindre ce but, il ne fut
point nécessaire de recourir à l'intervention
des magistrats. Le gouvernement se borna à
prescrire la nouvelle formule du 20 mars
qui réglait la forme des affaires publiques.

C'est ainsi que le nouveau roi du Portugal
fut reconnu unanimement, généralement et
librement; c'est ainsi qu'il prit, par le fait,
possession de la couronne, même avant qu'il

fût parvenu à sa connaissance qu'elle lui était échue.

Pour accomplir cet acte, le gouvernement envoya, comme on l'a vu, une députation à la cour de Rio-de-Janeiro, pour offrir à D. Pédro l'hommage de la nation portugaise. Cette députation était composée du duc de Lafões, de l'archevêque de Lacédémone et du bachelier Francisco Eleutherio de Faria e Mello (1).

La maison de Bragance se composait alors de sept enfans issus du dernier monarque : D. Pédro de Alcantara, prince royal; D. Miguel, infant; la princesse de Beira, dona Maria Theresa; l'infante dona Maria de Assis; l'infante dona Isabella Maria; l'infante dona Maria de l'Assomption, et l'infante dona Annia de Jésus Maria. Elle comptait encore l'honorable princesse dona Maria Francisca Benedicta, tante du feu roi. Les princesses de Beira, dona Maria Theresa, et l'infante dona

(1) Entre ces trois membres de la députation, le duc de Lafoes devint, en 1828, le partisan le plus zélé de l'usurpation : tous les trois sont signataires de l'arrêté des trois États.

Maria Francisca se trouvaient exclues du trône par leur mariage avec des princes étrangers, moins encore par la loi des Cortès de Lamégo, que par leur renonciation précise au trône lors de leur mariage. Les autres princesses reconnurent toutes la légitimité de D. Pédro, et lui donnèrent leur assentiment formel, exprès; mais, sur ce point, pas une n'alla aussi loin que D. Miguel. Il est impossible de trouver des expressions plus positives, plus formelles que celles dont il se servit dans sa lettre du 6 avril 1826, à la sérénissime infante dona Isabelle Marie. Il y dit que son bien-aimé frère l'empereur du Brésil était l'héritier légitime du royaume de Portugal et des Algarves, et il appelle *perfides* et *criminels* tous ceux qui se montreront, en son nom, contraires à cette légitimité.

Cette lettre fut expressément confirmée par la lettre du 14 juin, et c'est pour cela qu'elle égale, en valeur et en force, tous les documens civils, politiques ou diplomatiques introduits par une loi ou par le cérémonial.

Ainsi, les termes de cette lettre ne consacrent pas seulement la reconnaissance des droits de D. Pédro au trône, mais encore la renonciation formelle qu'y fait D. Miguel, et la condamnation de tous ceux qui s'y montreraient contraires.

La lettre que le prince écrivit à son frère et roi, le 12 mai de la même année, ne renferme pas des déclarations moins positives, et sa conduite, jusqu'à la fin du mois de février 1828, y fut entièrement conforme.

La simple narration des événemens de cette première époque démontre jusqu'à l'évidence les droits de D. Pédro, puisqu'ils ne furent ni contestés ni douteux pour personne, puisqu'ils avaient pour eux l'assentiment général de la nation, la reconnaissance formelle des princes et princesses sans exception.

Qu'on y joigne maintenant la reconnaissance de toutes les puissances, et qu'on nous dise ensuite ce qui manque à la légitimité de D. Pédro (1).

(1) Cette expression *légitimité* a-t-elle réellement en-

S'il y a des garanties positives, certes il n'en manque pas ici.

Voilà le seul et unique point de la question core aujourd'hui, dans le Portugal, toute l'autorité du sens que les temps anciens lui avaient donnée et qui a exercé une si longue influence sur les esprits aveuglés des peuples? Les princes n'agiraient-ils pas plus fortement sur l'esprit des nations s'ils remplaçaient ce mot entaché de fanatisme et de féodalité, par celui de *successibilité?* La nature et la politique lui prêteraient leur double appui, qui aurait une bien grande force : la raison admet qu'il est naturel et juste qu'un fils succède à son père ; c'est le code de toutes les nations civilisées, et la politique repousse le système d'élection pour le trône, du moins jusqu'à présent pour ceux d'Europe. L'exemple de l'élection de Louis-Philippe prouverait peu ; car d'abord, Louis-Philippe est un Bourbon : il n'y a que Henri V entre Charles X et lui, le duc d'Angoulême ayant abdiqué ; et la *quasi-légitimité* touche de près à la *légitimité pure*. Qui oserait affirmer cependant que ce n'est pas la consanguinité de Louis-Philippe qui l'a porté au trône et a préservé la France de la guerre étrangère? Peut-être que cette raison a autant contribué à la paix que les concessions de son gouvernement. Comme c'est la question des rois qui se juge aujourd'hui au tribunal des peuples, les souverains étrangers ont dû voir le triomphe de leur cause dans le choix de la France. Si elle d'où il faut partir pour retracer avec une fidélité historique ce qui s'est passé dans la suite.

Si, aux mois de mars, avril et juin de l'année 1826, D. Pédro fut légitimement le roi du Portugal, pourquoi ne l'était-il pas en 1828? Quelle puissance humaine peut donner la légitimité de la succession à un trône ou en priver? La ruse ou le sophisme peuvent en effet voiler la vérité, mais ne peuvent l'anéantir (1).

n'est pas sauvée entièrement, elle l'est au moins *à moitié* : c'est réellement le *juste-milieu* de la *légitimité*. Qu'on y réfléchisse bien, et nous nous trouverons dispensé d'en dire davantage.

(1) Ce serait mal défendre les droits de D. Pédro que de raisonner ainsi. Il n'y a point de trône plus électif que celui du Portugal ; et, à ne consulter que l'acte des Cortès de Lamégo, les conditions imposées au prince sont aussi sévères que nobles. Il est peu d'hommes un peu instruits qui ne connaissent le fameux *sinon, non*. Raisonnablement et historiquement parlant, c'est bien la puissance humaine qui peut détrôner les rois : on ne pourrait, sans absurdité, contester à un peuple le droit de rompre le contrat qu'il a fait, quand celui qui l'a souscrit ne remplit pas sa part des conditions. Nous sommes d'accord, et nous l'avons dit il y a un instant, l'élection qui se re-

Lorsque **D.** Pédro eut été informé de la mort de son auguste père, il accepta la couronne qui lui revenait et par le fait et par le droit; mais, conduit par la politique la plus sage, il déclara en même temps qu'il ne la garderait que jusqu'à l'époque de la séparation du Portugal et du Brésil, et jusqu'à l'achèvement des dispositions projetées pour le bien de ses nouveaux sujets.

Sa Majesté confirma, par son décret du 26 avril, le gouvernement que son père avait créé le 6 mars, et s'affermit ainsi lui-même dans la possession de sa couronne. Le 29 du même mois, il donna volontairement la Charte, qui n'avait été nullement demandée et que personne n'attendait. Après plusieurs décrets il rendit, le 2 mai, sa *Carta-Regia*, par laquelle il déterminait les conditions et les effets de l'abdication de la couronne du Portugal, en faveur de sa fille aînée dona Maria de Gloria, parce qu'il venait d'être

produirait à chaque règne pourrait être dangereuse dans certains États, et à certaines époques de leur civilisation; mais elle n'en est pas moins un droit imprescriptible.

père de l'unique successeur destiné à l'indépendance du Brésil.

En vertu de cet acte, dona Maria II succéda à tous les droits de son illustre père, et devint, par là même, reine légitime du Portugal, des Algarves, et des possessions extérieures.

L'abdication de la couronne en faveur de dona Maria fut expressément annoncée dans la Charte, acceptée et jurée en même temps que cette dernière, par les citoyens de toutes les classes, le 31 juillet et jours suivans (1).

(1) Il en est qui prétendent que le gouvernement avait été obligé de constituer les trois Etats en Cortès pour faire jurer la Charte; mais cette opinion est mal fondée, tant d'après le droit commun du Portugal, que d'après les termes du décret de Rio-de-Janeiro. Depuis 1697 que les Etats n'avaient point été rassemblés, leur institution avait singulièrement vieilli. Aucun roi ou prince portugais n'avait été confirmé depuis cette époque par les trois Etats; ils n'avaient point été appelés à décider aucun des actes de la souveraineté. Le roi dom Jean VI avait bien, par une loi du 4 juin 1824, ordonné le rétablissement de cette vieille constitution; mais elle n'avait pu reprendre aucune force, et il n'en pouvait même sortir, pour le gou-

Le gouvernement, la cour, les grands du royaume, les tribunaux, les militaires, le clergé, la noblesse réunis et tout le peuple avaient été invités à cet acte national, qui fut, sur tous les points, tellement spontané, qu'il ne fallut pas employer la menace contre ceux qui ne se présenteraient point.

Tous les princes et princesses de la maison de Bragance, qui avaient prêté tout-à-fait volontairement le serment de fidélité à D. Pédro, comme roi légitime du Portugal, s'empressèrent également de reconnaître l'abdication en faveur de dona Maria II, et de prêter serment à la Charte de la monarchie. L'infant D. Miguel prêta ce serment, *purement,* sans aucune réserve, à Vienne, le 4 octobre 1826,

vernement, l'obligation de rassembler les Etats pour un cas déterminé, parce que cette convocation était toujours subordonnée à la volonté du roi. D. Pédro n'ordonna point dans sa Charte qu'elle serait jurée par les trois Etats du royaume réunis en Cortès, mais bien *par les trois classes de l'Etat,* ce qui est une chose tout-à-fait différente. Ces trois classes de l'Etat ont, en effet, été convoquées dans les différens lieux destinés à cet objet.

16.

et le 29 du même mois, il célébra ses fiançailles avec dona Maria II, comme reine régnante du Portugal. Ce contrat avait été confirmé par la présence et par la signature des princes de la maison d'Autriche, et lorsque la Chambre félicita Son Altesse de cet événement heureux, il accueillit ces félicitations par les expressions d'une satisfaction intime et sincère.

L'acceptation définitive que fit D. Miguel de la régence à laquelle il était appelé par le décret de son frère, en date du 3 juillet 1827, n'est pas moins remarquable. C'est comme régent qu'il traita avec les plénipotentiaires d'Autriche et d'Angleterre, dans les conférences tenues à Vienne les 18, 20 et 23 octobre 1827, et dans les conférences tenues à Londres le 12 janvier 1828. C'est dans le même sens qu'il écrivit à la sérénissime infante dona Isabelle Marie, alors régente, en lui faisant connaître sa résolution inébranlable de mettre un *frein à tous les partis et de faire cesser tous les excès* (1).

(1) Ces paroles révélaient dès-lors le système de gou-

Tous les actes officiels par lesquels D. Miguel reconnut les droits de son auguste frère et la validité de l'abdication qu'il en avait faite en faveur de dona Maria, furent couronnés du serment qu'il prêta le 28 février en présence de la nation et à la face de toute l'Europe, de gouverner le Portugal d'après les institutions de la Charte donnée par D. Pédro IV, de se conformer en tout au décret qui traçait le formulaire d'après lequel le nouveau régent devait publier ses ordres, et enfin, de remettre le sceptre à dona Maria II dès qu'elle aurait atteint l'âge de majorité (1).

vernement qui était arrêté sous l'influence de l'Angleterre et de l'Autriche, qui n'avaient pas peu contribué à faire donner la régence à D. Miguel, qui n'était que trop propre à les seconder. Il y a eu, dans le plan et dans la conduite de ces deux puissances, un système dont l'odieux sera dévoilé plus tard, et déjà il suffit de lire leurs actes pour s'en faire une juste idée ; c'est un travail grave et important que nous espérons réaliser.

(1) Voici textuellement le serment prêté par D. Miguel : « Je jure fidélité à Leurs Majestés D. Pédro IV et dona » Maria II, rois légitimes de Portugal, et *m'engage à re-* » *mettre* le gouvernement du royaume à la reine dona

Des déclarations, des sermens, des promesses, enfin tout ce qui est saint pour l'homme, disaient à D. Miguel qu'il ne devait jamais attaquer des droits aussi fondés et aussi expressément reconnus (1). L'honneur, la religion, la justice lui prescrivaient de gar-

» Maria II *aussitôt qu'elle sera parvenue à l'âge de majo-* » *rité.* Je jure également de maintenir la religion catholi- » que, apostolique et romaine, et l'intégrité du royaume, » et d'observer et faire observer la constitution politique » de la nation portugaise, et les autres lois du royaume, » et de veiller au bien général de la nation autant qu'il sera » en mon pouvoir. »

D. Miguel ne dit pas : la *constitution donnée par D. Pédro.*

(1) D. Miguel devait d'autant plus les respecter, qu'il n'ignore pas, ou qu'il ne doit pas ignorer ce qui se passa à l'occasion de l'élévation de sa famille au trône de Portugal dans la personne de Jean IV, lors de la fameuse révolution de 1640.

L'arrêté du 5 mars de la même année lui révélait un droit terrible dans les mains de la nation, droit qu'elle n'a point aliéné. Cet arrêté, intitulé : *Juste acclamation du roi Jean IV*, est fort rare; mais il ne peut l'être pour D. Miguel. Espérons qu'il n'aura pas le temps de le lire **et de se corriger, comme D. Alphonse IV.**

der fidèlement les droits de la jeune reine, de sa nièce, de sa fiancée, et le droit des peuples mettait le comble à cette obligation (1).

Immédiatement après la mort de Jean VI, toutes les puissances de l'Europe reconnurent la souveraineté légitime de son fils aîné, et continuèrent leurs relations de paix et d'amitié avec son gouvernement. Ces mêmes puissances consentirent à l'abdication de la couronne en faveur de dona Maria II, et s'efforcèrent de l'achever même avant l'époque du mariage qu'elle devait contracter. Toutes reconnurent la légitimité de la Charte (2) qui

(1) Ces raisons sont concluantes pour des gens d'honneur; mais un D. Miguel!.. et d'ailleurs l'Angleterre n'y avait pas d'intérêt; de plus, on connaît sa tendresse, *motivée sans doute*, pour l'Infant. On se rappelle ces paroles de lord Palmerston : *Miguel is looked upon as a sort of pet of the english cabinet.* « Miguel est regardé comme l'enfant gâté du cabinet anglais. »

(2) Parmi les documens présentés au Parlement, on trouve, sous le n° 7, l'extrait d'une note officielle de M. Canning à sir W. A'Court, dans laquelle on lit ce qui suit : « Il nous semble, après tout, que la meilleure chance » d'une terminaison heureuse et tranquille de la présente

était émanée de la souveraineté du roi, sans qu'elle eût été sollicitée, ni par des factions, ni par des intrigues criminelles, ni par de pressantes représentations (1).

» crise en Portugal serait dans l'*acceptation* (aussi immédiate que cela pourra être compatible avec l'importance » de la mesure) *de la Charte de D. Pédro liée comme elle » l'est* avec son abdication au trône. »

Ces paroles révèlent bien des calculs et un système arrêté par l'Angleterre.

(1) Quelques personnes, séduites par les factions ou ignorantes des affaires du Portugal, ont soutenu que la Charte n'aurait pu être donnée au royaume sans l'assentiment de la nation, et s'en réfèrent aux antiques lois fondamentales du pays. Il n'exista jamais, dans le Portugal, de lois fondamentales sur la forme du gouvernement ou sur l'organisation de l'Etat. La loi des Cortès de Lamégo ne fit de dispositions que relativement à la succession au trône, et la Charte ne renferme rien qui lui soit contraire. L'institut des propriétaires des terres, comme celui de la municipalité, furent introduits à diverses époques dans la vieille Espagne par des égards politiques, et furent conservés par habitude, sans qu'il eût jamais existé de loi fondamentale écrite sur ce point. Le temps et les variations des vues politiques détruisirent successivement ce que le temps avait créé : c'est ainsi que l'établissement des

Personne ne s'opposa donc à cette Constitution (1), qui fut, au contraire, appuyée par

Etats était tombé en désuétude sous le gouvernement de D. Pédro IV, à la fin du dix-septième siècle. De nouveaux élémens amenèrent de nouvelles créations, et, depuis 1697, il n'existait en Portugal d'autre forme de gouvernement que celle de la monarchie et l'autorité des magistrats nommés par le roi. Plusieurs lois bornèrent, en effet, la réunion des pouvoirs; mais cela ne fut jamais admis comme loi fondamentale; d'où il suit que, par la raison que les ancêtres de D. Pédro avaient négligé de convoquer les Etats du royaume, il n'avait suivi que leur volonté. Quant à toutes les branches de l'administration, D. Pédro avait le droit de donner une constitution au pays.

(1) Pour la fidélité historique, nous devons dire que, si le peuple appelait réellement la Charte de tous ses vœux, il n'en était pas de même du gouvernement de la régence, qui en différait toujours la publication. On l'eût attendue plus long-temps encore, si les habitans du Porto n'eussent fait une adresse par laquelle ils signifiaient que, si le premier bateau à vapeur n'apportait point l'ordre de publier la Charte, ils se lèveraient tous en armes pour l'obtenir. M. le général Saldanha, qui était commandant militaire de cette province, signa cette adresse; mais aussi les envoyés anglais remplissaient bien leur mission, qui était de s'opposer autant que possible à cette promulgation.

l'Angleterre, qui fit observer par son ambassadeur la démarche politique du gouvernement, et avait sur lui une influence considérable.

La cour de Vienne, dont le souverain est lié avec D. Pédro par les liens les plus intimes de parenté, et que la nature a fait le défenseur né des droits et des intérêts de dona Maria, employa aussi toute son influence sur la cour de Rio-de-Janéiro, pour que D. Miguel fût nommé régent du Portugal, s'en rapportant sur ce point même aux dispositions de la Charte librement donnée par D. Pédro.

Après que D. Pédro eut appelé l'Infant à la régence, celui-ci écrivit aux deux grands souverains (1), et leur demanda leur appui pour régir le royaume. Leurs Majestés accep-

---

(1) C'est-à-dire au roi d'Angleterre, sous la date du 19 octobre 1827, et au roi d'Espagne, le 21 du même mois. D. Miguel ignorait que l'alliance de l'Angleterre a toujours coûté cher au Portugal : lors de l'avénement de la maison de Bragance au trône, l'Angleterre lui enleva ses riches possessions de *Tanger* en Afrique, et *Bombay* dans l'Inde.

tèrent gracieusement ce témoignage de confiance, et employèrent conseils affectueux, personnes dévouées, les secours les plus actifs pour que le prince se rendît digne de la confiance dont son auguste frère venait de l'honorer.

Les protocoles de Vienne et de Londres (1)

(1) On a prétendu que l'ambassadeur de S. M. Britannique n'avait assisté aux conférences de Londres que comme témoin, et que les protocoles de ces conférences n'avaient ni le caractère ni la valeur des traités. Cette prétention paraît mal fondée : comme D. Pédro avait prié l'empereur d'Autriche et le roi d'Angleterre de l'assister dans l'effectuation de ses décrets, tous les deux répondirent à cette demande en prenant part aux conférences par leurs ambassadeurs, et firent insérer les lettres du roi le plus fidèle dans les protocoles des conférences. C'est ainsi qu'on put s'attendre, à juste raison, que chacun de ces hauts intéressés s'attacherait à faire réaliser les promesses et les obligations, selon l'engagement qu'ils en avaient pris, et notamment l'obligation de soutenir le parti innocent.

En supposant que le protocole d'une conférence n'aurait ni le caractère ni le nom de traité, il n'en subsiste pas moins toujours que les promesses qui ont été faites doivent être tenues aussi bien que toute autre, car, sans en sont les témoignages, ainsi que le séjour des troupes anglaises à Lisbonne pendant les deux premiers mois de la régence de D. Miguel (1); car elle n'avait point d'autre

cela, les conférences seraient aussi inutiles que fallacieuses. Ce n'est pas la forme extérieure qui donne de la validité aux arrangemens faits, mais bien la volonté prononcée de ceux qui se présentent comme médiateurs ; et s'il faut admettre que ces plénipotentiaires n'assistaient aux conférences que comme témoins, ils n'auraient alors dû donner ni recevoir de promesses qu'après avoir formellement déclaré qu'ils ne signaient que comme témoins; et, dans ce cas, toujours est-il qu'ils eussent compromis la dignité des cours qu'ils représentaient, en faisant soupçonner leur intention de remplir leurs promesses.

Enfin, si les protocoles ne prouvaient rien, que devrait-on penser de la diplomatie d'aujourd'hui, qui ne négocie ni n'établit rien autrement que par des protocoles ?

(1) Nous engageons le lecteur à consulter sur ce point l'*Essai historico-politique sur la constitution et le gouvernement du Portugal*, par M. Joseph Liberato Freire de Carvalho. Paris, 1830.

Ce fut sous D. Ferdinand (Fernando), fils de D. Pédro, dont on a dit *qu'il n'eût jamais dû naître ou n'aurait pas dû mourir*, que les Anglais mirent pour la première fois le pied en Portugal en qualité d'alliés. Ce fut par l'in—

objet que de protéger sa personne, de donner de la force et de la consistance au gouvernement nouveau, et d'attester que la meilleure intelligence régnait entre l'Angleterre et lui.

Ce fut aussi là un moyen par lequel le cabinet anglais et les autres puissances reconnurent la légitimité de D. Pédro IV, et, par contre-coup, celle de dona Maria II.

Le trône que la mort de Jean VI laissait vacant devint donc une possession légitime qui ne fut point contestée. Toutes les négociations à cet égard, jusqu'au commencement de 1828, étaient légales et valables, et sont la seule règle sûre pour résoudre toutes les questions et tous les doutes que les factions ou l'ambition ont pu élever dans ces derniers temps, soit à l'intérieur du Portugal, soit au dehors.

fluence de dona Léonore-Tellès, et par l'entremise de son fameux amant le comte Jean-Fernando Andeiro, qu'ils y arrivèrent; mais ils s'y conduisirent avec tant de hauteur et de férocité, dès cette première fois, qu'on les renvoya presque immédiatement, après en avoir massacré plus des deux tiers. (Ils étaient 6,000.)

CHAPITRE II.

L'avénement de D. Miguel au trône était une usurpation injuste en soi, d'abord, et révoltante ensuite par les moyens dont on s'était servi pour y arriver.

———

Pour caractériser la révolution qui, en 1828, renversa la Constitution du Portugal, il est nécessaire de revenir sur les événemens du 30 avril 1824, qui, selon l'opinion généralement établie, plongèrent le Portugal dans le deuil (1).

Dans ce jour de triste mémoire, il éclata à Lisbonne une conspiration dont le but était de priver le respectable et vénéré Jean VI de sa couronne ou au moins de sa liberté; l'Infant, auquel la couronne était destinée, parut à la tête des conspirateurs, et dirigea, comme général en chef de l'armée, toutes les attaques contre les autorités royales. Dans la matinée de ce jour, les Portugais purent

(1) On va voir que l'auteur se répète un peu; mais il a sans doute cru devoir se résumer pour plus de clarté.

voir avec étonnement toutes les troupes sous les armes et le palais du roi environné de troupes.

Le monarque ne pouvait même communiquer avec ses sujets restés fidèles : l'un de ses ministres était prisonnier, l'autre caché pour éviter un sort peut-être bien funeste. Les prisons étaient encombrées, les tribunaux fermés, et l'on avait fait afficher publiquement une proclamation signée d'*Altesse Royale*, rédigée d'une manière si pitoyable, qu'elle était en effet aussi fausse que révoltante; car on avait pensé qu'elle pourrait stimuler les troupes et les gagner pour l'action atroce qu'on avait résolue. La fidélité de la nation et de l'armée, l'intérêt qu'inspirait un roi captif, empêchèrent la conspiration d'avoir tous ses résultats, et réussirent à amener l'Infant aux pieds de son père outragé. Le repos et l'autorité du roi n'étaient pas encore rétablis, lorsqu'il se rendit à bord du vaisseau anglais, d'où il bannit l'Infant du royaume, et ordonna qu'on fît le procès des coupables.

Le temps adoucit un peu la juste colère du

monarque, dont la véritable clémence royale couvrit du voile de l'oubli les faits les plus révoltans et annula le procès. Mais les coupables ne perdirent jamais le souvenir de l'action qu'ils avaient résolue ni le regret de ne l'avoir pas accomplie.

Lors donc qu'arriva le moment où ils purent vivre en sûreté, ils se rallièrent d'autant plus volontiers à la bannière de l'Infant, qu'elle devenait pour eux un bouclier et un moyen de menacer le repos public.

C'est cette faction qui porta D. Miguel au trône, et qui lui fournit aussi les moyens de réaliser ses intrigues, qui, quoique bien connues, avaient été ourdies en pays étranger, avaient dirigé la révolution qui échoua en 1826, et conduisirent celle de 1828 à une fin plus heureuse.

D. Pédro avait commencé son règne de la manière la plus tranquille ; il avait été généralement reconnu.

Quoique les nouvelles institutions qu'il avait données eussent éveillé cette surprise que doivent naturellement produire des in-

novations auxquelles on ne s'était pas attendu,
et surtout dans un pays encore tout meurtri
des mouvemens politiques extérieurs, le serment fut néanmoins généralement prêté à la
Charte, sans répugnance et sans opposition.
Les intrigues et les provocations étrangères
des anciens partisans de l'Infant n'eurent
pour tout résultat que d'avoir séduit quelques chefs de troupes, qui entraînèrent une
partie de l'armée, se sauvèrent en Espagne,
y arborèrent le drapeau de la révolte, proclamèrent l'infant D. Miguel roi, et établirent
une succession contraire à toutes les lois fondamentales.

Une rébellion militaire ne peut jamais être
considérée comme un acte de volonté nationale; quand elle réussit, la force supprime et
détruit tout; l'on ne peut par conséquent attribuer à la nation cette rébellion de 1826,
qui fut provoquée par les intrigues de l'étranger, et dirigée contre la patrie elle-même (1).

(1) Les rebelles eux-mêmes savaient bien qu'ils agis-
saient contre les volontés de la nation, et c'est pour cela
qu'ils quittèrent le pays pour aller proclamer, sur une

Toute l'Europe compara, en effet, l'attaque de cette faction à une invasion étrangère, et les ministres de Sa Majesté Britannique eux-mêmes ne la regardèrent pas autrement dans la session du parlement du 12 décembre de la même année ; et c'est pour cela qu'il ne faut pas ici d'autres preuves (1).

terre étrangère, l'Infant roi. Nous ferons remarquer ici qu'un des principaux rebelles avait prêté librement serment à la Charte de D. Pédro le jour même où il arborait le drapeau de la révolte. Il est, en outre, certain que les troupes ne cédèrent qu'à une influence étrangère ; qu'elles ignoraient ce qu'elles faisaient, et qu'elles n'étaient pas plus instruites lorsqu'elles rentrèrent en armes dans la province de *Tras-os-Montes*, et proclamèrent un souverain étranger comme empereur de la presqu'île pyrennéenne.

(1) Comment concilier cette opinion avec ces paroles de lord Aberdeen prononcées dans la Chambre des lords le 16 juillet 1828 : « Les personnes qui soutiennent et ap- » puient D. Miguel sont les meilleurs amis de l'Angleterre, » tandis que, dans le parti opposé, il en est beaucoup qui » sont, non-seulement les ennemis de l'Angleterre, mais, » de plus, les ennemis de tout bon gouvernement sur » toute la surface du globe. » Il nous semble qu'il n'y a là ni détour ni déguisement, qu'on ne peut exprimer plus

Ces rebelles ne changèrent d'ailleurs rien aux affaires du Portugal. Le pays resta soumis à D. Pédro, et ne l'eût pas désavoué si l'Infant n'eût pas abusé du nom et de l'autorité de Sa Majesté pour usurper la couronne.

Lorsque l'Infant entra à Lisbonne le 22 février 1828, l'on ne reconnaissait dans toute l'étendue du royaume que les ordres de D. Pédro. Les rebelles avaient été refoulés au-delà des frontières, et toutes les factions étaient étouffées à l'intérieur. Tout le monde ajouta foi aux sermens et aux déclarations publiques de l'Infant, qui, fort de l'appui des troupes anglaises, n'avait rien à redouter, comme l'a dit formellement l'ambassadeur de Sa Majesté Britannique dans une lettre datée du 22 mars 1826.

Il ne dépendait que de D. Miguel d'affermir la tranquillité publique; mais pour faire connaître à tout le monde qu'il était seul l'artisan de son usurpation, il ne permit pas aux re-

positivement l'antipathie de l'Angleterre pour toute liberté politique, et qu'on ne prendrait pas un autre langage pour lui déclarer la guerre.

belles de rentrer d'Espagne jusqu'à ce qu'il eût consommé son œuvre de perfidie.

L'usurpation commença dès le jour du débarquement de l'Infant. Il se commit journellement sous les voûtes du palais des actions violentes que non-seulement il connaissait, mais auxquelles il donnait son assentiment (1). Si les personnes qui venaient le féliciter sur son retour ne le saluaient pas en même temps comme roi, elles étaient maltraitées par des gens de la dernière classe du peuple soudoyés pour cela. Le corps diplomatique tout entier fut témoin de ces excès, dont les victimes étaient des personnes distinguées, soit par leur naissance, soit par leurs fonctions, et, dans le nombre, il y eut des étrangers de haut rang. Lorsque l'Infant se rendit le 28 février à la cathédrale de Santa-Maria, pour assister à un *Te Deum*, il était entouré de personnes de sa cour et de domestiques qui, tant devant que derrière lui, criaient et répétaient sans cesse : *Vive D. Miguel Ier*,

____

(1) *Voyez* la lettre de M. Lamb au comte Dudley.

le roi absolu, et Son Altesse accueillait ces cris en souriant et avec bienveillance.

Fort de la présence et de l'assistance des troupes anglaises, D. Miguel continua de marcher à l'usurpation ouvertement, sans s'inquiéter de la hardiesse de ses offenses envers le roi de la Grande-Bretagne, dont il appliquait les secours à un usage si criminel, et qui lui avaient été accordés dans un tout autre but. La dissolution de la Chambre des députés (1); la nomination inconstitutionnelle d'une Junte chargée de présenter de nouvelles instructions sur le choix d'une autre chambre, dont on parlait sans cesse, et exclusivement dans les avertissemens publiés, afin de tromper les nationaux et les étrangers; la destitution de tous les gouverneurs des provinces, de tous les commandans des corps militaires, et des fonctionnaires civils d'une probité reconnue; la promotion aux places les plus importantes, des hommes connus par leurs vices et par leurs actes

____

(1) 13 mars 1828.

de violence comme pour leur attachement à l'usurpation ; la proscription et la
persécution des Portugais les plus respectés
et les plus entreprenans, tout cela fut le résultat de la force dont l'Angleterre avait appuyé D. Miguel (1).

Le gouvernement envoya des commissaires
dans tout le royaume pour précipiter la reconnaissance tumultueuse du nouveau roi.
La canaille y jouait toujours le rôle principal,
et ceux des magistrats qui voulurent répri-

(1) D'où il faut conclure que l'Angleterre était d'intelligence avec lui; car elle avait dû donner des instructions
aux chefs de ces corps, à son représentant, qui eussent
dû se retirer ou protester dès qu'on les eut employés pour
un but qui n'était pas conforme à leur destination.

Après la dissolution des Cortès, la garnison de Lisbonne
se prononça pour la Constitution, et dit qu'elle la défen-
drait par les armes. En conséquence, elle s'adressa au
général Clington, commandant des troupes anglaises,
pour savoir s'il ferait feu sur les troupes portugaises.
Clington répondit qu'il ferait feu, et que c'était son instruction.

Avons-nous raison de dire que l'Angleterre a été la
promotrice de l'usurpation ?

mer de semblables désordres, apprirent bientôt aux autres, par leur destitution, qu'il n'était pas prudent de résister aux vœux du gouvernement.

Par suite des ordres qui leur avaient été adressés par le roi et par le ministère de la justice, les gouverneurs des provinces adressèrent à toutes les municipalités des circulaires par lesquelles on leur mandait d'adresser à l'Infant la prière d'accepter la dignité royale (1); et pour qu'il n'y eût nulle part

(1) Le Portugal et l'Europe chrétienne tout entière ont possédé peu d'évêques comme Osorio, qui défendit tout à la fois, contre Emmanuel qui voulait bannir les Juifs, et les saines maximes de l'Évangile et celles de la politique. En fait de despotisme, les grands trouvent toujours un allié empressé et ardent dans le clergé. L'un et l'autre, et plus particulièrement encore le dernier, égoïstes par nature et par éducation, ne reconnaissent pour légitime que l'autorité qu'ils peuvent diriger et maîtriser à leur gré. Singulier aveuglement des rois, qui les soumet à une *puissance réellement étrangère!* car le clergé ne reconnaît de souverain que le pape, rapporte tout à ce *chef de l'Église*, qui, de son côté, se prétend moins encore le

d'opposition, la cour de justice supérieure reçut en même temps l'ordre, ce qui était contraire à toutes les lois du royaume, de remplacer, par des personnes dévouées à l'usurpation, tous les membres des municipalités qui lui étaient opposés. La presse, enchaînée par la censure, ne servit plus qu'à calomnier et à menacer les Portugais fidèles à leur roi légitime, et à répandre les sophismes les plus exagérés par lesquels on espérait exercer quelque influence sur le peuple.

On invitait en même temps un grand nombre de corporations à rendre leurs félicitations et leurs hommages à l'Infant dans le même langage; on ne rougit pas de profaner la religion, en invitant ses ministres à verser du haut de leur chaire des torrens de malédictions sur ceux qui ne rétractaient pas la fidélité qu'ils avaient jurée à D. Pédro (1).

serviteur des serviteurs de Dieu que le représentant, le délégué *infaillible* d'un maître qui ne peut faillir.

(1) C'est ce qu'avait prévu M. Lamb, dans sa lettre du 2 mars 1828; car il y dit: « Il est à craindre qu'on fasse » voter des adresses par les municipalités, et qu'on excite

Tous ces faits sont notoires et consignés, pour la plupart, dans la *Gazette de Lisbonne*. Ils furent communiqués par l'ambassadeur anglais à son gouvernement, qui les blâma fortement (1), dans une note qu'il lui envoya.

» les mouvemens des provinces, *afin d'avoir un prétexte* » *pour représenter la conduite future de l'Infant comme* » *dictée par le vœu de la nation.* »

(1) On sait ce que signifient tous ces blâmes : le gouvernement anglais, qui veut toujours chercher des prétextes ou des excuses à ses méfaits, rejette sur ses agens l'odieux qui en retomberait sur lui; mais il ne répare jamais le mal dont ils ont été les auteurs : c'est un catéchisme politique qui malheureusement a pris cours chez nous, mais le gouvernement anglais l'applique avec moins de brutalité; il sait mieux attendre et mieux se draper dans son manteau. Plus prévoyant et plus décidé dans son système, il sait conduire pendant des années ce qu'il a su combiner des années à l'avance, et le réaliser quand le besoin est arrivé. En attendant, il brouille la politique, divise les cabinets, leur souffle des oppositions ou des propositions, les subjugue par la peur ou par des promesses, les compromet enfin; pendant ces intrigues, il mesure l'exigence de ses intérêts, les impose, et échappe alors à l'indignation générale, qu'il soulèverait s'il eût été moins habile à se masquer.

Il faut d'ailleurs faire remarquer que le gouvernement conserva dans tout et partout le nom et l'autorité de D. Pédro, afin d'allier, pour ainsi dire, la moquerie la plus misérable à la rébellion, au parjure, à l'infidélité.

Arriva enfin le 25 avril. Les choses étaient alors tellement avancées que rien n'était plus facile que de consommer l'usurpation. Le gouvernement de l'Infant n'avait plus besoin du secours des troupes étrangères ni du manteau de l'autorité du roi légitime. Il pouvait déjà braver l'opposition nationale et se moquer du blâme des puissances étrangères. L'Infant pouvait marcher ouvertement au pouvoir soutenu par tous ceux avec lesquels il était uni de sentimens, qui occupaient les emplois les plus importans, et ne croyaient devoir aucun compte de la religion, de la justice et des bienséances ; le 25 avril donc, l'œuvre de l'usurpation fut consommé.

Ce jour là, le sénat de Lisbonne, composé, pour la plupart, de membres nommés par le gouvernement et choisi parmi les jurisconsultes, de fortes patrouilles de garde de police traversèrent les rues, suivis de la plus vile canaille; le drapeau de la ville fut arboré à l'une des fenêtres de l'hôtel-de-ville, et servit de signal pour proclamer l'Infant roi. On ouvrit en même temps les registres publics à ceux qui voudraient reconnaître le nouveau roi, et la canaille força tous les passans d'y apposer leur signature. Des émissaires mendiaient partout des signatures, même celles des filles publiques; il y en eut plusieurs qui signèrent à différentes reprises: tout refus attirait les plus violentes menaces. Les choses, enfin, se passèrent telles qu'elles ont été rapportées au gouvernement britannique par son consul, dans sa note des 26, 30 avril et 3 mai 1828. Le sénat, qui se nommait indûment le représentant de la capitale, présenta, dès le soir même, sa résolution à l'Infant, qui prit immédiatement le titre de roi, admit les rebelles présens à lui baiser la main, et signa sa réponse au sénat en qualité de roi.

Quoique le ton de cette réponse fût encore ambigu et hypocrite, personne n'élevait plus de doutes sur la certitude du crime. Les jours suivans la gazette publia l'appel de se rallier au magistrat, et de semblables invitations furent adressées à tous les présidens des cours de justice. Il parut ensuite une déclaration d'assentiment public vraiment extraordinaire et remarquable; on l'attribua généralement à la noblesse, mais elle n'était l'œuvre que de quelques-uns, et n'avait été signée dans la maison du duc Lafoês que sous l'influence de l'intrigue et de la peur.

Le récit de ce qui s'est passé suffit pour faire connaître le crime en lui-même.

Pendant que les choses se passaient ainsi dans le Portugal, D. Pédro donnait à Rio-de-Janeiro une nouvelle preuve de sa confiance généreuse dans la fidélité de l'Infant : le 3 mars 1828 il publiait un décret d'abdication entière de la couronne de Portugal, et faisait des préparatifs pour faire passer sa fille en Europe, afin de remplir les vœux que l'empereur d'Autriche et le roi d'Angleterre avaient exprimés, par leurs plénipotentiaires, dans les protocoles de Vienne.

Cette jeune et innocente princesse s'embarqua, en effet, le mois suivant pour l'Europe ; mais son arrivée ne servit qu'à la rapprocher davantage de l'usurpateur de sa couronne, et des persécutions cruelles des défenseurs héroïques de leurs droits.

L'Infant refusa de suivre le décret d'abdication, et chercha tous les moyens possibles pour donner à son abdication l'apparence de la légitimité. A cette fin, il convoqua, par son décret du 3 mai 1828, les trois États du royaume auxquels personne ne pensait plus, et les constitua en Cortès (1).

Cette soi-disant Chambre des députés fut ouverte le 23 juin, et dès les premières séances elle approuva avec une merveilleuse complaisance tout ce que la faction avait déjà fait.

L'évêque de Vizeu exposa, dans un discours plein de supercheries, quel était le but de la

(1) Philippe II, qui ne s'était emparé du Portugal que par la force et par la corruption, en agit de même pour colorer son usurpation des apparences de la légitimité : il convoqua donc les Cortès à Thomar, en 1581, et cacha, sous un serment, tout ce que la violence et le despotisme peuvent concevoir contre un peuple.

réunion des Cortès, et la question fut décidée par la réponse catégorique qu'y fit le député de la ville de Lisbonne, José Accursio-das-Neves. Toute opinion contraire fut déclarée révolutionnaire et punissable.

L'Europe regarda cette réunion des Cortès comme le dernier acte du drame, et le corps diplomatique de Lisbonne cessa ses fonctions dès qu'il lui fut donné communication du décret qui ordonnait cette convocation.

Le résultat répondit à l'attente; les soi-disant États décidèrent que la couronne appartenait à D. Miguel depuis le 10 mars 1826, et qu'il fallait en conséquence frapper de nullité tout ce que D. Pédro avait fait ou ordonné comme roi de Portugal. Ensuite l'Infant, pour couvrir du voile de l'oubli tous les précédens dans lesquels il avait trempé, soit comme partie, soit comme juge, fit publier, par un décret du 30 juin, qu'il se soumettait à la décision des États, et ordonna l'expédition d'une des principales résolutions qui fut signée le 10 juillet, laquelle contenait toutes les raisons spécieuses et tous les sophismes à l'aide desquels on tâchait de voiler l'usurpation. Pour répondre à ce hideux mouvement de l'aveuglement des passions humaines, il nous suffira de rechercher avec impartialité quelle est la base sur laquelle il repose.

CHAPITRE III.

Toutes les raisons qui doivent prouver la légitimité de l'exclusion de D. Pédro IV du trône de Portugal, et en même temps la réalité des prétentions de D. Miguel, sont nulles et contraires à la logique.

———

Ce qu'il y a d'illusoire dans la détermination des soi-disant trois Etats consiste dans ce seul argument : *Si l'aîné des fils du roi Jean VI est exclu de la succession du trône, il fallait qu'elle passât le 15 novembre 1825 sur la tête du second frère, attendu qu'il ne se trouvait entre eux deux ni prince ni princesse ayant des droits au trône, et que la raison ne peut admettre que l'aîné conserve le 10 mars 1826, sur ses successeurs, des droits qu'il n'a pas possédés lui-même.*

Ils regardent ce raisonnement comme *puissant* en l'ajoutant aux raisons suivantes ; ils prétendent qu'il ne peut être réfuté. Ils disent : D. Pédro, en acceptant la souveraineté du Brésil, d'un Etat étranger, s'est déclaré lui-même *étranger*, et il est exclu de la succession du trône, d'après la décision claire et littérale des Cortès de Lamégo, ainsi que d'après les propositions des trois États du royaume de 1641, qui furent acceptées (1). C'est ce qui résulte de l'exemple de la princesse Béatrix qui, après la mort du roi D. Fernando, se trouvait dans la même situation par rapport à D. Pédro (2), et qui fut exclue du trône.

(1) Nous avons parlé de ces propositions, connues sous le nom d'*arrété du 5 mars*, rédigées par le docteur frère Velasco de Gouvea, archidiacre de Villa-Nova da Cerveira. On y lit, page 20, § 1 : « Que le pouvoir des rois » réside dans les peuples et dans les républiques, et que » c'est d'eux qu'ils l'ont reçu. » Page 32, § 2 : « Que, quoi- » que les peuples aient transféré leur pouvoir aux rois, » ils l'ont conservé toujours, et peuvent le ressaisir quand » ils le jugeront nécessaire pour leur conservation. »

Tout le reste est d'après ces principes.

(2) D. Pédro, surnommé *le Justicier*, parce qu'il était inflexible envers ceux qui violaient les lois et la justice. Toutes les difficultés qu'il éprouva, pendant son règne, lui furent suscitées par le clergé, qui, dans tous les temps et

Enfin, cette précaution fut dictée par les égards, à cause des suites qui faisaient craindre que la couronne ne passât sur la tête d'un étranger ; ils tachèrent d'éviter l'embarras dans lequel les mit l'infant D. Alphonse, qui était comte de Boulogne, où il régnait, et qui succéda néanmoins à son frère D. Sanche, sur l'explication, non que le comte de Boulogne arrivait au trône par droit de succession, mais par la voie extraordinaire de l'élection, et qu'il avait recouvré sa naturalisation par un prompt retour dans le pays, comme par la dispense des Etats-Généraux (1).

Ils prétendent, en second lieu, que D. Pédro s'est privé lui-même du trône du Portugal, non-seulement en acceptant la souveraineté du Brésil, mais qu'il s'est mis lui-même, d'après son serment aux lois expresses du

dans tous les pays, n'a jamais aimé la liberté et n'a rien négligé pour l'anéantir.

(1) Il y a plus en faveur de D. Pédro ; il a donné une Charte qui rétablit ses droits, et qui a été acceptée et jurée sans résistance, librement et spontanément, par toute la nation portugaise.

pays, dans l'impossibilité de résider jamais dans le Portugal. Ils parlent ensuite des inconvéniens qui résulteraient de l'absence constante du régent, en s'appuyant sur l'autorité des Cortès de 1641 (1), et sur la demande adressée par la noblesse au roi D. Philippe à l'occasion de la réunion des Cortès de 1642, et enfin sur *la carta-patente* de la même année.

En troisième lieu, ils en appellent à cette *carta-patente* (*lettre-patente*) de 1642, qui avait adopté la proposition des États ; « Que » si un roi du Portugal régnait sur deux pays » différens, son fils aîné devait, après sa mort, » lui succéder dans le plus grand, et le se- » cond, dans le plus petit (2). »

(1) Mais ces demandes n'ont jamais été converties en loi, ni approuvées ou sanctionnées par le roi ; dans tous les cas, il eût au moins fallu demander à D. Pédro IV d'opter.

(2) L'auteur de l'*Exposé des droits de Sa Majesté très-fidèle dona Maria II, et de la Question portugaise*, prouve, jusqu'à l'évidence, que ces termes ne peuvent être appliqués qu'aux enfans de D. Pédro, et non à lui. Voici ce qu'il

Quatrièmement enfin, ils tâchent de justifier l'exclusion de D. Pédro du trône de Portugal, sous le prétexte que Sa Majesté avait

dit : « Le Portugal, les Algarves, le Brésil, etc., consti-
» tuaient une seule et même monarchie dont Sa Majesté de
» Jean IV était le souverain ; l'élévation du Brésil au rang
» de royaume, en 1815, n'altéra ni l'unité de la monarchie,
» ni l'essence du pouvoir souverain ; le Brésil resta aussi
» lié au Portugal, sous le titre de ROYAUME, qu'il l'était
» auparavant sous celui de DOMAINE (*senhorio*) ou d'ÉTAT :
» il demeura, comme il l'avait toujours été, partie inté-
» grante de la monarchie portugaise. Lorsque Sa Majesté
» le roi D. Jean VI créa de droit, et reconnut de fait, en
» 1825, l'indépendance et la séparation du Brésil, par cet
» acte même il céda et abdiqua la souveraineté dont il
» était investi auparavant, ne s'en réservant que le titre
» honorifique d'EMPEREUR, qui tient uniquement à l'éti-
» quette. Le roi D. Jean VI n'a jamais possédé deux cou-
» ronnes distinctes et séparées ; il n'a jamais été souverain
» de deux monarchies : c'est Sa Majesté D. Pédro IV qui,
» le premier, à des titres différens, a réuni sur sa tête les
» deux couronnes impériale et royale ; en lui seul pouvait
» se vérifier la condition prévue par la demande des États
» de 1641, et c'est seulement en la personne de ses enfans
» que pouvait se réaliser la séparation définitive des mêmes
» couronnes, ainsi que cela a eu lieu en effet, non pour

violé les lois du pays, et exercé un pouvoir despotique (1).

Non contens de cela, ils s'efforcent d'opposer aux plus fortes raisons, qui parlent pour les droits de D. Pédro, ce que la mauvaise foi et le sophisme ont de plus misérable. Selon eux, le droit d'aînesse était éteint; la décision antérieure de la nation était subreptice et forcée; le serment de fidélité n'avait été obtenu que par la violence et au préjudice d'un autre, comme des intérêts du pays (2). Ils déclarent nulles et invalides les déclarations, les promesses, les sermens de l'Infant, parce qu'ils auraient été faits en pays étran-

» se conformer à une loi qui n'existe point, mais pour des » raisons tirées de la plus saine politique, et pour le plus » grand avantage des nations portugaise et brésilienne. »

(1) Ce langage est vraiment curieux dans la bouche de gens qui commettaient eux-mêmes la violation la plus *exorbitante*, comme ils disaient, et qui voulaient porter au trône un prince parricide, parjure, ignorant, le plus vicieux et le plus hardi des tyrans.

(2) Quelle impudence, quand on voit comment les choses se sont passées!

ger et sous l'empire de la contrainte. Quant aux déclarations du feu monarque, dans la loi du 15 novembre 1825, relative à la succession de D. Pédro, ils disent que c'est une erreur de rédaction ; ils soutiennent d'un autre côté que le roi ne pouvait rien établir de valable sur ce point sans l'assentiment des trois États ; et, pour ce qui est de la reconnaissance de D. Pédro, ils soutiennent que les souverains s'étaient trompés et qu'ils avaient été trompés.

Voilà quelles sont les raisons avec lesquelles on cherche à justifier l'usurpation de la couronne de Portugal.

Nous y répondrons simplement et franchement, et ce sera au monde à décider de quel côté se trouve le bon droit, et quels sont les rebelles et les parjures.

On oppose l'*étranger* au *naturel*, c'est-à-dire à celui qui est né portugais.

Mais on ne peut révoquer en doute que D. Pédro, fils du roi de Portugal, ne soit né sur le territoire portugais ; et alors c'est folie de soutenir qu'il est étranger. La seule loi portugaise qu'on pourrait ici invoquer se trouve tit. 55, l. 2, des réglemens du royaume, et elle ne parle que du *lieu* et de *la naissance* comme seules règles de la décision.

Bien que la *lettre-patente* du 13 mai 1825 ait déclaré l'indépendance du Brésil, que la loi du 15 novembre de la même année ait délié les habitans de cet empire de leurs devoirs envers le Portugal, et que leurs rapports précédens fussent annulés, les droits et les prétentions de D. Pédro furent *expressément réservés et déclarés inaliénables*. Le droit de souveraineté et de succession est trop haut placé pour qu'il pût être jugé d'après les vues et les principes de la vie ordinaire ; il n'y a que la loi politique qui puisse décider ici, comme l'exemple des nations civilisées. L'histoire nous apprend que plusieurs princes ont régné en même temps sur plusieurs pays et sur plusieurs peuples, sans que jamais ils eussent été pour cela regardés comme étrangers (1).

(1) La couronne nous semble les meilleures lettres de naturalisation.

Le roi d'Espagne n'est point Espagnol d'origine. L'em-

Le Brésil a fait partie du Portugal jusqu'en 1825, et le droit de succession de D. Pédro s'étendait naturellement à toutes les parties de la monarchie qui embrassaient alors les royaumes de Portugal, des Algarves, du Brésil, d'Angola et des États Indiens (1). Aucune partie ne pouvait lui être étrangère, et, par la même raison, aucuns des pays soumis au sceptre portugais ne pouvaient se regarder comme étrangers entre eux.

Des raisons importantes avaient appelé D. Pédro au trône du Brésil, du vivant même de son père; mais comme il ne l'accepta que du consentement de son roi et des puissances de l'Europe, il n'en pouvait résulter aucune renonciation, soit au trône de Portugal, soit aux autres parties de la monarchie.

Les Cortès de Lamégo ne connaissaient

pereur de Russie ne règne-t-il pas en même temps sur la Pologne? Il est vrai que c'est un tyran.

(1) Ce fut Jean II, surnommé *le grand, le prince parfait*, dont Camoëns dit : *qu'il enseigna aux rois du monde l'art de régner*, qui ajouta aux titres des rois de Portugal, en **1486**, celui de *seigneur de Guinée*.

d'autre loi relative à la succession au trône que celle de primogéniture, et voici les termes de cette loi :

« Que le seigneur Alphonse, roi, vive et » qu'il règne sur nous. S'il a des enfans mâ- » les, qu'ils vivent et qu'ils soient nos rois, » sans qu'il y ait besoin de les constituer de » nouveau rois. » Voici l'ordre de succession : « Le fils succédera au père, puis le petit-fils, » et ensuite l'arrière-petit-fils, et ainsi à per- » pétuité dans leurs descendans de père en » fils. Si le fils aîné du roi meurt pendant la » vie de son père, le second fils (après la » mort du roi son père) sera roi, le troisième » succédera au second, le quatrième au troi- » sième, et ainsi des autres fils du roi ; si le » roi meurt sans enfans mâles, le frère du roi, » s'il en a un, règnera, mais pendant sa vie » seulement, car, après sa mort, le fils de ce » dernier roi ne sera pas notre roi, à moins » que les évêques, les députés des villes et les » nobles de la maison du roi ne l'élisent ; et » alors il sera notre roi, sans quoi il ne rè- » gnera pas. »

Voilà la seule loi qui existe concernant la succession de la branche mâle au trône. Par la raison maintenant que D. Pédro est le fils aîné du roi, les prétentions de D. Pédro ne peuvent plus être équivoques.

Les amis de l'usurpation interprètent et brouillent de la même manière la loi relative aux mariages des filles du roi. Voici ce que cette loi dit : « Les filles du seigneur roi, étant » également issues de lui, nous voulons » qu'elles puissent succéder à la couronne, et » qu'il soit fait des lois à cet effet. Et les évê- » ques et les nobles firent les lois suivantes : » Si le roi de Portugal n'a pas d'enfant mâle, » et qu'il ait une fille, elle sera reine après la » mort du roi, pourvu qu'elle se marie avec » un seigneur portugais ; mais il ne portera » le nom de roi que quand il aura un enfant » mâle de la reine qui l'aura épousé. Quand » il paraîtra en public, en compagnie de la » reine, il se tiendra à sa gauche et ne mettra » point la couronne royale sur la tête. Que » cette loi soit toujours observée, etc. »

Les Cortès de Lamégo n'ont rien omis,

pas même ce qui devait être d'étiquette.

Il n'est question ici que des filles du roi, et nullement des successeurs mâles, et l'on ne voit point de cas où l'on puisse faire d'exception à leur égard.

L'on ne dit pas davantage que la princesse qui se mariera avec un étranger devra être considérée comme étrangère, mais seulement qu'elle et leurs successeurs perdront le droit de succession au trône. Quoi qu'il en soit, cette décision, quant aux mariages des princesses, ne peut être appliquée dans d'autres cas ; on ne peut jamais regarder une disposition spéciale comme une règle générale.

La loi ordonne clairement et d'une manière fort sage quelle est la règle qu'on doit suivre quant aux mâles et quant aux filles ; ceux-là ne sont jamais exclus, et celles-ci seulement dans le cas unique où elles épouseraient un étranger.

L'intention de cette disposition législative n'eut point d'autre motif que celui-ci : de récompenser la noblesse pour la part qu'elle avait eue à la fondation de la monarchie ; de la rapprocher de la famille royale, et de l'encourager à des actions nobles et grandes, par la perspective d'épouser les filles du roi et de monter sur le trône, si le cas s'en présentait jamais.

Il ne fut fait, dans l'assemblée des Cortès de 1641, aucune loi fondamentale, et l'on n'en trouve nulle mention, soit dans les ouvrages, soit dans les procès-verbaux, soit dans les discours des savans portugais.

Il ne reste donc pour ressource aux défenseurs de l'usurpation, que de défigurer les vérités historiques, pour se procurer le moyen de tromper les ignorans. Mais comme ils parlent à toute occasion de cette prétendue loi, c'est un devoir de prouver le faux de leur prétention.

A l'époque de 1641, si importante pour le Portugal, le souvenir de la terreur qu'avait répandue l'usurpation espagnole, et le désir ardent d'en prévenir le retour, remplissaient toutes les âmes portugaises. Pour répondre à ce sentiment unanime, chacun des trois Etats, réunis en cortès, proposa avant tout des mesures qui pussent garantir la liberté du Portugal, et l'on proposa en même temps au roi de sanctionner, par une loi, les mesures prises par les Cortès.

A supposer maintenant que ces mesures eussent acquis force de loi, elles n'auraient jamais pu s'étendre jusqu'au Brésil, puisque c'est précisément de notre temps qu'il s'est séparé du Portugal. Cela est vrai, quoique D. Pédro ait eu une prétention égale aux deux couronnes, et qu'il ait irrévocablement séparé les deux pays par son abdication en faveur de dona Maria II. Mais comme ces mesures ne reçurent jamais force de loi, l'intention d'abuser devient de plus en plus évidente.

Il est de fait incontestable que jamais des propositions ou des mesures, émanant des Etats du royaume, n'eurent force de loi en Portugal, si elles n'avaient auparavant obtenu la sanction royale; le roi seul donne à la loi la forme et la *validité*, et, sans cette condition complémentaire, les demandes des Etats ne furent regardées que comme des vœux, comme des propositions; et c'est le cas des demandes et des propositions des Etats de 1641.

Le roi promit seulement aux Etats de donner une loi sur ce qu'ils avaient établi dans les deuxième et troisième chapitres; ce ne fut encore qu'une promesse qu'il fit à la noblesse, que celle de ne déférer la noblesse que d'après les dispositions du roi Jean III, et d'après les considérations qu'exigerait le bien public.

Le roi ajoute encore : « Comme ces propositions attestent quelle est la longue fidélité de nos sujets ; que nous nous plaisons à la proclamer avec reconnaissance, nous rendons le même tribut d'éloges au clergé, et lui faisons les mêmes promesses. »

Nous ne voyons nullement que, de toutes ces réponses, il résulte en aucune façon que le roi eût adhéré aux demandes des Etats et qu'il les ait converties en loi.

Nous savons, au contraire, que tout resta dans le même état que par le passé, et que ces demandes eurent le sort de toutes celles qui ne doivent leur existence qu'aux circonstances et au temps qui les font naître.

Un examen sévère va démontrer qu'il y avait, sinon une véritable folie, du moins un non-sens dans la motion des trois États.

Ils demandèrent, dans ces deuxième et troisième chapitres dont nous avons parlé, 1º que le roi régnant sur le Portugal ne fût point né hors du pays, et qu'il fût contraint d'y résider ; 2º qu'il fût reconnu par trois des maisons qui lui étaient alliées et auxquelles pouvait échoir le droit de lui succéder en cas d'extinction de la branche régnante ; 3º que les membres de la maison régnante, qui se marieraient hors du royaume, perdissent, ainsi que leurs descendans, tout droit à la couronne (1).

Pour admettre ces motions comme lois fon-

(1) Nous ne voyons pas ce qu'il peut y avoir de non-sens dans de semblables motions : l'un des articles de la grande Charte anglaise de 1688, le plus admiré, est celui qui interdit au prince de s'éloigner à plus de vingt lieues de la capitale sans l'autorisation des Chambres ; et si l'on ne peut contester que la souveraineté réside dans le peuple, que lui seul ait le droit de nommer ou de reconnaître ses rois, à plus forte raison une nation a-t-elle le droit d'exi-

damentales, il faudrait nécessairement admettre aussi que depuis Jean IV aucun roi
n'a été légitime, car tous ses successeurs se
sont mariés avec des princesses étrangères.

D'ailleurs, il est à remarquer que les amis
de l'usurpation ne déclarent comme loi fondamentale que la première de ces motions,
parce qu'elle leur convient, mais ne songent
pas que, dans ce cas, il faudrait ou les adopter ou les rejeter toutes, et encore resterait-
il à décider si l'on veut bien admettre leur
assertion.

Dans cette hypothèse, ils n'en resteraient pas
moins dans leur tort, car ils ne pourraient
jamais faire appliquer à D. Pédro, né portugais, l'exclusion de laquelle on avait seulement menacé l'étranger.

La noblesse s'exprimait ainsi dans sa motion :

ger que son roi se fasse reconnaître par ceux qui pourraient lui succéder.

Quant à la défense de se marier à l'étranger, il est permis à une nation de croire qu'elle produit des femmes et
des hommes dignes de monter sur son trône.

1º Fixer, par une loi, que la couronne du Portugal ne pourrait jamais passer sur la tête d'un prince étranger ou de ses descendans;

2º Que le roi, même dans le cas où il lui surviendrait encore un autre royaume, devait toujours résider en Portugal;

3º Que, dans ce cas, et après la mort du roi, son fils aîné devrait succéder dans le pays étranger et le second en Portugal;

4º Et qu'à défaut de descendans mâles, la princesse qui arriverait au trône ne devrait se marier, sous peine de perdre la couronne, ni d'après son propre choix, ni d'après celui de son père, mais seulement d'après la détermination des trois Etats.

La noblesse demandait en même temps que la loi qui serait rendue sur ces points fût insérée dans le recueil des lois du royaume.

C'est en vain qu'on cherche aujourd'hui cette loi dans le recueil : on n'y trouve que celles qui furent confirmées de nouveau et publiées ensuite dans le courant de l'année 1643.

Nous pouvons encore ajouter à ce que nous venons de dire sur les motions des députés du peuple, que si une loi, comme la noblesse la proposait, existait en effet, et D. Pédro et D. Miguel devraient être exclus du trône du Portugal, attendu qu'ils descendent tous deux de la reine dona Maria Ire dont le mari n'a nullement été élu par les trois Etats.

Le clergé fit la motion, que la princesse qui devrait succéder serait tenue d'épouser un Portugais, et notamment son parent le plus proche... mais par quelle loi donc l'inceste serait-il devenu loi d'Etat (1)?

Au reste, la différence de ces motions prouve assez la différence des avis et des vœux des trois Etats, qui, outre cela, manquaient encore tout-à-fait de l'approbation de la nation.

____

(1) Ce raisonnement a une haute portée morale, et je ne puis comprendre que la raison d'Etat puisse jamais justifier ce que la loi commune défend. Cependant la cour de Rome a accordé des dispenses en toute hâte à D. Miguel pour épouser sa nièce. Les liens du sang sont-ils donc moins des liens aux yeux de Dieu qu'aux yeux des hommes? Quoi! le divorce serait un crime, et épouser sa nièce ou sa belle-sœur serait la chose du monde la plus simple!..

La raison pour laquelle le roi ne donnait point de loi dans une affaire aussi importante, sortait probablement 1º de ce que les motions des Etats parurent dangereuses et impolitiques; 2º de ce qu'elles étaient contraires, en quelque point, aux droits existans; 3º de ce qu'elles étaient superflues, attendu que les déterminations nécessaires, pour le cas en question, se trouvaient déjà dans la loi des Cortès de Lamégo, que la noblesse croyait, à tort, tombée en désuétude depuis la mort du roi D. Ferdinand (1) et le choix qui avait été fait de D. Jean Ier.

En tout cas, on ne peut mettre en doute que la loi ne fut jamais rendue, que la motion et les vœux des Etats restèrent sans exécution, et qu'en conséquence, la loi des Cortès de Lamégo, d'après laquelle l'aîné hérite de la couronne, subsiste encore dans toute sa force.

(1) Il y a vraiment de quoi s'étonner de ce que la noblesse ait soutenu, même dans l'assemblée des Cortès de 1697, que la loi des Cortès de Lamégo s'était éteinte avec la dynastie à l'occasion de laquelle elle avait été rendue.

On ne peut concevoir, vraiment, comment les défenseurs de l'usurpation osent citer un exemple qui ne prouve rien.

La princesse dona Béatrix, mariée avec le roi d'Espagne, et par conséquent avec un étranger, était exclue de la succession au trône, d'après les termes clairs et précis de la loi rendue par les Cortès de Lamégo ; mais comment ce cas pouvait-il être appliqué à un prince ? Il devient plutôt certain que cette princesse, dont le contrat de mariage a été *consenti* par les trois Etats, ne fut pas exclue du trône à cause de son mariage avec un étranger, mais parce qu'elle était fille adultérine de sa mère dona Léonor qui avait été l'épouse de deux hommes vivant en même temps, qui avait déjà rompu avec son mari, ce qui avait été établi par son contrat de mariage, lors de ses prétentions au trône de Portugal, et qui avait soutenu ses prétentions par la force des armes, avant même d'être devenue mère (1).

(1) Cependant ce n'eût pas été la première fois que des

Les actes et décrets des Cortès de Coïmbre, ainsi que tous les vieux documens, citent ces faits comme raison de l'exclusion de la princesse, et de semblables autorités devraient être préférables aux décrets des soi-disant trois Etats de 1828.

L'expérience a démontré qu'un souverain pouvait gouverner plusieurs royaumes, sans que ni leur existence politique ni leur bien-être en souffrissent.

Si l'on adoptait le principe de l'usurpation, que le souverain d'un État serait incapable de gouverner en même temps dans un autre, il s'ensuivrait que tous les princes qui possèdent plusieurs couronnes en devraient choisir une et renoncer aux autres ; mais ce principe n'aurait qu'un inconvénient, celui de renverser le droit des monarchies de l'Europe, qui est généralement reconnu.

Des argumens ne sont point des lois, et, fussent-ils encore plus spécieux, ils ne pour-

enfans adultérins fussent montés sur le trône du Portugal ; car, *en fait*, D. Miguel est adultérin, et rien n'est mieux prouvé.

raient suffire pour renverser l'ordre régulier de la succession du Portugal, sanctionné par les lois fondamentales de l'État.

D. Pédro IV est né portugais; les parens, la confiance et l'affection ne lui ont point failli; il connaît et possède toutes les qualités d'un noble Portugais; il parle la même langue, pratique la même religion, et n'ignore point quels sont les intérêts et les besoins du peuple portugais dont il est né Prince royal; il est donc impossible de lui appliquer les raisons d'exclusion dont on s'appuie (1). A la suite de l'établissement de la loi fondamentale des Cortès de Lamégo, dont les dispositions étaient encore présentes à tous les esprits, il y avait à peine eu trois règnes, qu'il se présenta un cas en tout point semblable à ce-

(1) Ce n'est pas, en effet, une question qu'on doive discuter sérieusement; et d'ailleurs, en ce cas, la qualité des rois doit-elle se juger comme celle des particuliers ? Malgré la décision des Cortès de Lamégo, les Philippe, qui étaient espagnols, ont-ils régné sur le Portugal ? Ils avaient décidé par la force ce que la ruse et la fraude ont décidé pour D. Miguel.

lui-ci ; s'il pouvait différer en quelque chose,
c'était qu'il comportait encore plus de difficultés.

Malgré cela, le prince auquel revenait la
couronne n'éprouva aucune opposition à en
prendre possession, quoiqu'il régnât pourtant
déjà sur un autre Etat : c'était l'infant D. Al-
fonse, le frère et le successeur du roi D. Sanche II, qui, alors marié en France à la comtesse Mathilde, était devenu par là souverain
du comté de Boulogne.

On ne trouve, ni dans l'histoire, ni dans les
anciens documens, aucune *mention* d'élection
ou d'exclusion avec lesquelles s'accordent les
défenseurs de l'usurpation.

La branche régnante n'était pas éteinte,
car, indépendamment du comte de Boulogne,
il existait encore l'infant D. Fernando, et le
premier succéda absolument selon l'ordre fixé
par la loi fondamentale.

Nous trouvons encore dans la bulle du pape
Innocent IV un document authentique sur
cette question.

Quelques Portugais mécontens portèrent

leurs plaintes auprès du saint Siége, et le souverain pontife, appliquant les doctrines du temps, détrôna le roi Sanche II, et nomma le comte de Boulogne, son frère, régent, parce que celui-ci devait, dit-on, d'après les lois fondamentales, hériter de la couronne dans le cas où Sanche mourrait sans descendans légitimes.

Cette autorité irréprochable prouve également que le comte de Boulogne succéda en vertu du droit, et non pour d'autres raisons.

Il en résulte clairement que si D. Alphonse, tout souverain qu'il était du comté de Boulogne, et par conséquent étranger au Portugal, ne perdit, par ce fait, ni sa qualité de portugais, ni le droit de succéder au roi son frère, on ne peut admettre que D. Pédro puisse être privé du droit de succéder à Jean VI son père, par le fait qu'il a porté la couronne du Brésil.

Cet exemple est assez puissant, assez concluant à lui seul pour décider la question.

Le prince D. Miguel da Paz, fils du roi D. Manuel, reçut, comme successeur de son père au trône de Castille, les hommages de Léon, d'Aragon et de Grenade, et cependant les Etats-Généraux du Portugal, qui certes ne le cèdent à aucuns autres pour ce qui est de l'honneur national, n'hésitèrent pas un seul instant à le reconnaître tout-à-la-fois dans les Cortès de 1499, comme héritier de la couronne de Portugal. Le roi Jean, contraint, par la force, d'émigrer dans les Algarves, n'avait cessé d'y exercer son autorité; mais c'était toujours comme roi du royaume de Portugal, et la meilleure et la plus forte raison, c'est qu'il est rentré à Lisbonne aussitôt que les événemens le lui ont permis. Peut-on dire que les Algarves étaient un *royaume* à part ou n'en étaient pas un? elles en portaient du moins le nom.

Au reste, puisque l'on invoque les décrets et les écrits, qui est-ce donc, encore une fois, que Jean VI a désigné pour son successeur? Qui est-ce que le peuple, que les puissances ont reconnu, si ce n'est D. Pédro? Et d'ailleurs, à prendre les termes des lettres-patentes de 1642 à la lettre, si le royaume le

plus *considérable* appartient à l'aîné des enfans du roi, à coup sûr le Portugal doit encore revenir à D. Pédro; car si un royaume
est *considérable*, c'est par son importance politique, sa position géographique, son antiquité, ses souvenirs historiques, ses conquêtes,
ses établissemens, son influence sur les autres
États, le poids qu'il a dans la balance européenne, le rang qu'il a tenu et qu'il tient
parmi les autres peuples. Le Brésil, qui ne
date que d'hier, ne peut réclamer la suprématie sur le Portugal; on ne peut la lui accorder, à moins que, comme les fils ingrats
ou comme D. Miguel, il ne veuille assassiner
ceux qui lui ont donné l'existence.

Jamais on n'a dit ni soutenu, en Portugal,
que le fils aîné du roi devenait étranger, par
cela qu'il acceptait une couronne relevant du
Portugal, ou qu'il perdait ses prétentions au
trône portugais; cette prétention n'était réservée qu'à notre époque.

L'exemple des princes qui gouvernent plusieurs Etats prouve que, d'après le droit commun qui règle les monarchies modernes, la présence en personne du souverain dans le pays qui lui était soumis, n'était pas une chose nécessaire attachée à la possession de la couronne.

Dans et pour le Portugal lui-même, cette question ne fait pas l'ombre d'un doute, surtout en face des actes du roi D. Manuel, qui défendait les lois fondamentales de la monarchie, les droits et les libertés de la nation avec une égale justice.

Comme ce monarque, auquel le Portugal doit la plus grande partie de sa gloire, prévit que son fils D. Miguel da Paz serait contraint un jour de résider en Espagne, il donna à Lisbonne, le 27 mars 1499, la fameuse Charte qui contient les principes d'après lesquels le Portugal doit être gouverné par les princes résidans à l'extérieur.

Ce monarque fut donc convaincu qu'il n'existait aucune loi qui défendît au souverain du Portugal de résider hors du royaume.

Il est maintenant de toute évidence que les motions des Etats-Généraux de 1641 ne reçurent jamais force de loi. En eût-il été même ainsi, le roi eût-il dû, d'après la loi, résider dans le pays, D. Pédro n'aurait encore pu être exclu du trône de Portugal qu'après qu'on lui aurait donné à opter entre la résidence du Portugal et celle du Brésil, c'est-à-dire à se prononcer pour celle des deux couronnes entre lesquelles il avait à choisir.

Or D. Pédro renonçant de son propre mouvement à la couronne qui lui était survenue, on ne pouvait plus recourir à cet égard qu'à doña Maria II, qui, ainsi qu'il est généralement reconnu, serait depuis long-temps en Portugal, si la rébellion ne lui en avait interdit l'entrée.

Les lois du Brésil autorisent l'empereur à s'absenter de l'empire avec l'autorisation des Chambres ; cependant il n'existe pas d'exemple que cet assentiment ait jamais été demandé.

Dans tous les cas, Sa Majesté était libre de choisir entre le Brésil et le Portugal, d'où il suit que la soi-disant preuve puisée dans la résolution dont nous venons de parler, ne peut être d'aucune autorité.

Lorsque Philippe II d'Espagne possédait la couronne du Portugal, on ne disait pas que les lois fondamentales lui faisaient un devoir de résider dans le pays même : la noblesse des Cortès de Thomar le priait seulement d'y résider autant que cela lui serait possible.

Il résulte de tous ces faits que le choix de la résidence dépend uniquement de la volonté du roi.

Or donc, cette prière, qui ne pouvait être que flatteuse pour un roi, dont le plus grand intérêt doit être l'amour de son peuple, ne peut être citée comme une preuve de courage et de patriotisme.

Parmi les sophismes sur lesquels s'appuient les défenseurs de l'usurpation, il est surtout remarquable qu'ils s'appuient de la Charte patente de 1642, comme applicable au cas présent, et l'on verra qu'ils ont spéculé particulièrement sur l'ignorance où l'on serait des affaires du Portugal.

Cette Charte patente, si précieuse pour eux, du 12 septembre 1642, n'est autre chose qu'une partie des cahiers des Etats-Généraux de 1641, et renferme tout simplement leurs motions au roi et sa réponse.

De tels appuis ne peuvent donc prouver au.

tre chose qu'un défaut complet de raisons plausibles. Si les défenseurs de l'usurpation sont forcés d'admettre que le Portugal et le Brésil étaient cependant réunis sous le sceptre unique de Jean VI, quoique séparés en apparence, ils ne peuvent raisonnablement invoquer ni les motions des Etats-Généraux de 1641, ni la Charte patente de 1642, comme lois fondamentales. Par cela seul qu'ils y recourent, toutes leurs assertions tombent faute de base; et bien plus, si l'on voulait admettre leur loi imaginaire comme réellement existante, jamais elle ne pourrait être appliquée aux descendans de D. Pédro IV.

Le Portugal, les Algarves, le Brésil, etc., ne furent qu'une monarchie sous le sceptre de D. Jean VI. L'élévation du Brésil au rang de royaume en 1815, ne change ni l'unité de la monarchie ni la position du régent; et comme royaume, le Brésil n'était même que ce qu'il avait été auparavant, une partie intégrante de la monarchie portugaise. Alors Jean VI était sous l'empire d'une position fausse et violente, extraordinaire, qu'il fallait dissimuler, et autour de laquelle la raison po-

litique ordonnait de grouper le plus possible
d'apparences de sa royauté, de tout ce pouvoir
que la raison d'état lui faisait un devoir de se
parer.

Ce ne fut qu'en 1825 que Jean VI déclara
le Brésil indépendant et séparé, ne se réservant que la dignité impériale, et jamais il ne
gouverna deux monarchies séparées.

Ce fut D. Pédro qui le premier réunit sur
sa tête les couronnes impériale et royale, et
c'est à son occasion seulement qu'on pourrait
invoquer les motions des Etats-Généraux
de 1641, à supposer toujours qu'on les
admît.

Cependant, pour parer à toute discussion,
et comme si D. Pédro eût pu prévoir ce qui
s'est passé, il a agi dans le sens de ces motions,
mais en ne cédant toutefois qu'à des considérations politiques qui l'honorent, et surtout
en vue du bien-être qui en résulterait pour
les deux empires. Jamais il n'a entendu se
soumettre à des lois imaginaires.

L'effronterie avec laquelle les rebelles se
vantent que les armes ne leur manquent pas
pour défendre leur cause, l'audace avec la-

quelle ils publient que D. Pédro a violé toutes les lois et abusé de la puissance, méritent encore une réfutation sérieuse.

Qui donnait aux trois Etats le droit et le pouvoir de condamner leur roi? Où est la loi fondamentale ou l'usage national qui les autorise à juger la violation de la loi?

Il est vrai que D. Pédro fut contraint de faire la guerre au Portugal, du vivant de son père, mais ce n'est pas ici le lieu d'exposer les raisons qui justifieraient cette nécessité qui l'affligea si profondément.

L'histoire du Portugal, ainsi que celle des autres Etats, présente plusieurs exemples de ce genre, sans que les Etats aient jamais osé les juger ni y trouver un motif de priver de la couronne l'héritier du trône.

. Le jugement qui dans ce cas doit en être porté, ne convient qu'au roi seulement (1).

(1) Les publicistes n'ont point, jusqu'à présent, traité spécialement cette question; mais si le droit de faire la paix et la guerre est l'un des droits les plus exorbitans qui aient été concédés aux rois, ou qu'ils se soient arrogés, il faut convenir que ce serait lui donner encore une extension bien plus exorbitante que d'interdire aux peuples le droit de prononcer sur un prince qui se pré-

En remontant donc à ce qui avait été établi il y avait long-temps, et en osant le réviser, les Etats dépassaient de beaucoup les limites de leurs devoirs.

Cette hardiesse de la part des Etats devait cependant d'autant moins surprendre, qu'ils se permirent de juger les actions de D. Pédro, comme du roi reconnu par la nation; c'est ce qui sort clairement de l'accusation portée contre lui d'avoir abusé du pouvoir d'une manière despotique; mais on demande ce que deviendrait l'ordre social, si les sujets vou-laient ou plutôt pouvaient juger chaque ac-tion de leur monarque (1)?

senterait pour régner sur eux après avoir fait couler leur sang comme ennemi, ou les avoir traités en vainqueur. Que Philippe II s'empare du Portugal et y règne en maître, cela se conçoit, c'est la conséquence de la force et l'his-toire de tous les conquérans; mais la question change bien lorsqu'il s'agit d'un prince qui n'a eu besoin que d'attendre pour avoir une couronne. Malheureusement l'histoire du Portugal présente plus d'exemples de ce genre que celle de tout autre peuple, chez lesquels on n'en rencontre guère encore qu'au moyen âge.

(1) Ceci n'est qu'une question qui ne prouve rien, sous

Que l'Europe prononce d'après cela sur la faction qui a renversé le trône du Portugal, et que les cabinets ne perdent pas de vue surtout qu'en approuvant les principes invoqués, il en résulterait pour les Etats le droit de juger les rois et de disposer des couronnes.

L'accusation portée contre D. Pédro, d'avoir abusé de son pouvoir, ne peut peser que sur la Charte qu'il a donnée le 29 avril 1826; mais entacher de despotisme un prince qui limite lui-même son autorité, qui se lie par des institutions libérales jurées par la nation,

la forme d'une réflexion axiomatique. Les principes accrédités aujourd'hui la résolvent aisément. Les peuples, en effet, ne demandent plus le droit de se constituer en tribunal pour y appeler leurs rois à rendre compte de leurs actions; ils les veulent, au contraire, inviolables, comme chefs du pouvoir exécutif, et inamovibles même, comme magistrats suprêmes; mais ils désirent une garantie dans la responsabilité de leurs agens, et il me semble que c'est là la meilleure garantie aussi de la stabilité des trônes et du respect que commanderaient les lois; car elles deviendraient bientôt nulles, si elles pouvaient être violées impunément, et il y aurait vraiment despotisme là où la volonté ou le caractère du prince couvriraient tous les méfaits administratifs.

c'est ce qui doit paraître à tout le monde une véritable folie.

Il n'est personne qui puisse méconnaître la haine avec laquelle les hommes de cette faction s'opposent partout à l'empereur, haine qui ne sortit que des intentions qu'avait Sa Majesté d'élargir les droits de la nation, tandis que les partisans de l'usurpation ne voulaient régner eux-mêmes sur le Portugal, qu'au nom d'un roi absolu.

Les droits des rois du Portugal furent toujours illimités ; leur pouvoir n'était tempéré que par la religion et les lois éternelles du droit commun ; quelle loi ou quelle autorité pouvait donc interdire à S. M. D. Pédro de donner la Charte (1)? Comment peut-on appliquer ici le mot d'abus du pouvoir royal ?

(1) La morale religieuse et la morale politico-sociale sont d'accord sur ce point, qu'un roi est tout-puissant pour le bien et non pour le mal ; le premier est un devoir, le second est un abus et une usurpation tyrannique : c'est en ce sens qu'on a toujours appliqué la maxime : *Le roi ne peut mal faire.* Le *droit divin* se résout tout entier dans la mission du Christ, qui ne fut envoyé que pour faire le bonheur des hommes, et non pour les plonger plus avant dans le malheur : voilà son véritable sens.

La Charte était le présent légal et illimité du monarque, et c'est vouloir se rendre aussi ridicule qu'effronté que de donner à ce don le nom d'acte de volonté despotique.

Jamais l'usage que put faire D. Pédro de son autorité ne peut être incriminé ni même blâmé. Si ses ancêtres lui avaient légué un pouvoir sans limites, il pouvait ordonner une nouvelle organisation sociale, donner de nouvelles institutions, établir de nouvelles formes législatives, administratives ou judiciaires; il pouvait restreindre les prérogatives royales, les modifier ou s'en démettre; en un mot, il pouvait faire tout ce qui n'est point contraire à la religion ou aux lois immuables de la justice naturelle, vu qu'il n'existait point de loi fondamentale ou d'autorité quelconque qui pût l'en empêcher.

La Charte constitutionnelle est émanée de l'autorité souveraine, indépendante et libre; elle a donc été octroyée légalement, et comporte toute la validité dont elle peut être susceptible.

CONCLUSION.

Ayant ainsi détruit et complètement réfuté les argumens par lesquels on a prétendu exclure de la succession le seigneur D. Pédro IV, il demeure par là même démontré que ce prince est le légitime héritier, parce qu'il est le fils aîné du feu roi, et qu'il a acquis, par sa naissance, et conservé, par une possession constante et incontestable, les droits et le titre d'héritier et de successeur à la couronne de Portugal; parce que ces droits et ces titres lui ont été réservés et maintenus expressément par les actes qui ont légitimé et par lesquels a été reconnue l'indépendance du Brésil.

Le seul titre d'*Infant* que D. Miguel a toujours porté, avant aussi bien qu'après la reconnaissance de l'indépendance du Brésil, suffirait pour rejeter de prime-abord les prétentions de Son Altesse Royale en Portugal;

l'héritier et successeur de la couronne porte le titre de *Prince royal et duc de Bragance*, titre créé par la cédule royale (*Alvera*) du 9 janvier 1817.

Or, puisque Son Altesse Royale n'a jamais eu ni prétendu avoir droit à ce titre, qu'elle a au contraire reçu et toujours porté celui d'*Infant*, il devient certain qu'elle n'a jamais eu ni prétendu posséder le titre et les droits d'héritier et de successeur à la couronne; il lui manque donc encore ce titre apparent, cette preuve matérielle, cette espèce de *possession d'état* du prétendu droit.

Toutes les prétentions de l'infant D. Miguel et de ceux qui, en son nom, favorisent l'usurpation, sont fondées sur la prétendue exclusion légale de Sa Majesté le roi D. Pédro. Or, cette exclusion n'étant qu'une pure fiction de rebelles, toutes ces prétentions tombent d'elles-mêmes, se trouvant sans fondement.

Dans tous les cas encore, et les admettant, D. Miguel ne serait pas appelé à succéder au trône.

Par la loi fondamentale des Cortès de Lamégo, où les femmes ne sont point exclues du trône, il y a encore entre D. Pédro IV et l'infant D. Miguel quatre princesses appelées à succéder à la couronne de Portugal; car les frères ne sont pas appelés à succéder l'un après l'autre; il y a entre eux la ligne des descendans de l'aîné, et ce n'est qu'après l'extinction de cette ligne que le second frère et la ligne de ses descendans peuvent être appelés à succéder : c'est ce qui a toujours été observé et suivi en Portugal.

Il suit de là que dona Maria da Gloria, née le 4 avril 1819, avant que le Brésil eût été reconnu comme État indépendant, est incontestablement portugaise et fille de D. Pédro; qu'attendu son âge, elle n'a pu faire aucun acte qui lui ait fait perdre sa naturalité ou tout autre droit; qu'elle est née sous l'empire de la loi fondamentale qui l'a saisie de son droit dès sa naissance. Ce qui pourrait se dire des autres enfans de D. Pédro nés au Brésil, ne peut s'entendre de dona Maria da Gloria.

Au reste, le droit de succéder à la couronne est un droit propre, individuel et éminemment personnel; le père ne peut ni le changer ni le modifier; il appartient tout entier aux dispositions du droit fondamental qui admet ou exclut.

Ainsi D. Pédro aurait-il perdu son droit, il n'aurait pu aliéner celui de sa fille. N'eût-il plus été roi le 15 avril 1825, dès ce jour dona Maria da Gloria devenait reine sous le nom de dona Maria II; son grand-père Jean VI lui avait transmis ce droit et ce titre.

De plus dona Maria était mineure, et par cette même raison elle était plus impérieusement encore sous l'empire de la loi politique de l'Etat.

FIN.

PARIS, IMPRIMERIE DE DECOURCHANT,
Rue d'Erfurth, n° 1, près de l'Abbaye.

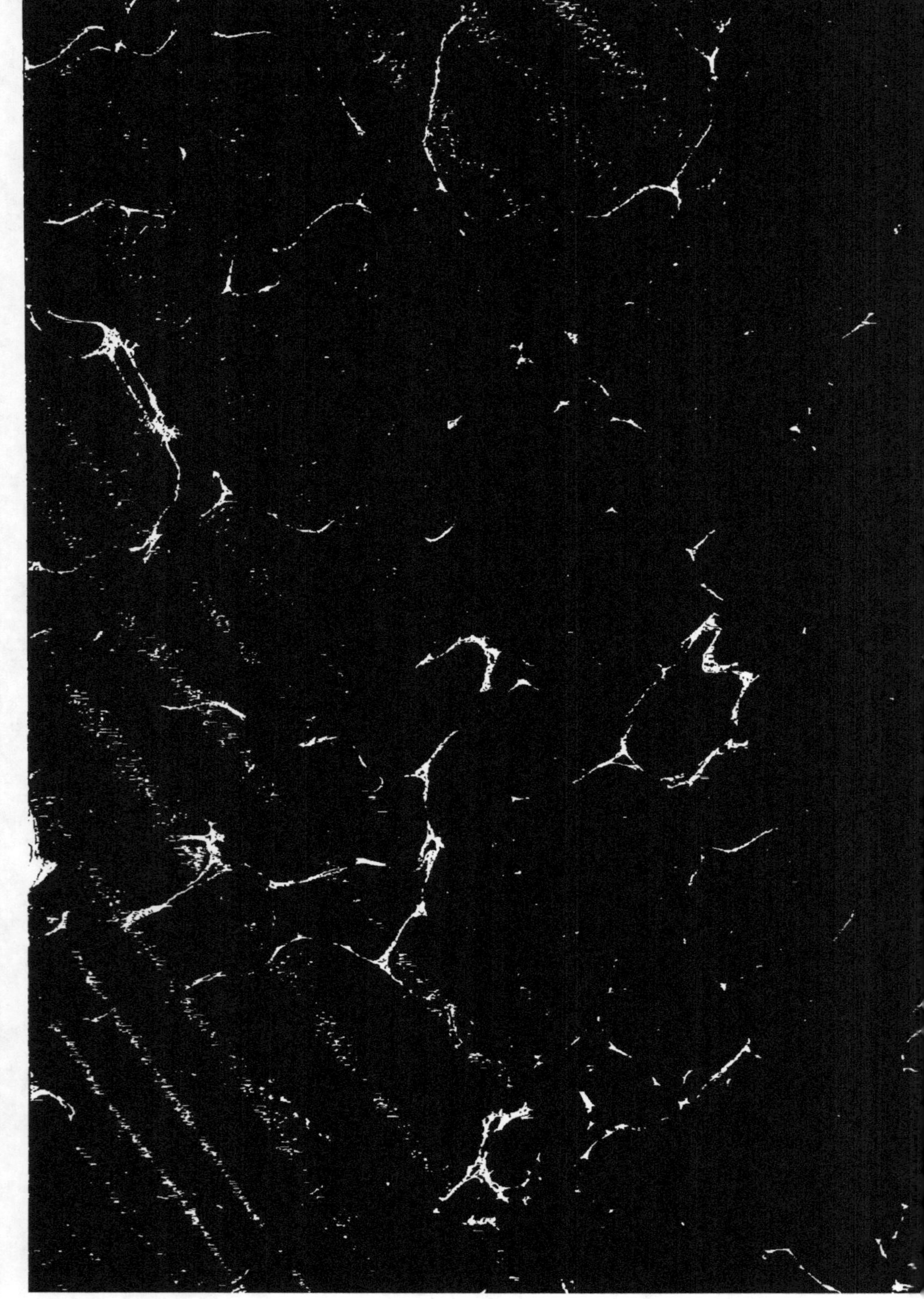